Kathrin Schmitt

***

Mitarbeiterführung durch Managerinnen

Vor- und Nachteile eines weiblichen Führungsstils

www.salzwasserverlag.de/wirtschaft

Schmitt, Kathrin

Mitarbeiter-Führung durch Managerinnen

Vor- und Nachteile eines weiblichen Führungsstils

1. Auflage 2008 | ISBN: 978-3-86741-032-8

© CT Salzwasser-Verlag GmbH & Co. KG, 2008
(www.salzwasserverlag.de). Alle Rechte vorbehalten.

Die Deutsche Bibliothek verzeichnet diesen Titel in der Deutschen Nationalbibliografie. Bibliografische Daten sind unter http://dnb.ddb.de verfügbar.

Vorwort

Gibt es einen spezifisch weiblichen Führungsstil und sind Frauen eventuell die besseren Führungskräfte? Besonders in Deutschland, wo der Anteil von weiblichen Führungskräften weit unter dem weltweiten Durchschnitt und sogar deutlich unter dem Durchschnitt der EU-Staaten liegt, entfalten solche Fragen nicht selten eine provokative Wirkung. Angesichts der sich international immer schlechter darstellenden Zahlen zum sozialen Wohlstand hierzulande erhöht sich aber auch die Dringlichkeit, sich mit solchen Fragen auseinanderzusetzen. In Zeiten, wo kooperative Führung als Gegenpart zur männlich-autoritären wichtiger ist denn je, da Führung mit Inspiration und Motivation zunehmend selbstverantwortlicher Mitarbeiter gleichzusetzen ist, liegt die Vermutung nahe, dass eine niedrige Frauenquote in Führungspositionen ein Baustein zur Erklärung eines gesellschaftlichen und wirtschaftlichen Stillstandes ist. Wegen der gesellschaftspolitischen Relevanz werden Diskussionen darüber aber nur all zu oft populärwissenschaftlich oder gar hochgradig emotional geführt. In einer solchen Situation ist die Versachlichung im Sinne einer mehrdimensionalen Betrachtung stets ein geeigneter Ansatz, um tragfähige Zukunftslösungen zu finden. Einen wertvollen Beitrag zu dieser Debatte leistet das vorliegende Buch von Kathrin Schmitt. Versachlichend ist es insofern, als dass sowohl in Bezug auf die Erklärung als auch die Wirkung spezifisch weiblichen Führungsverhaltens stets mehrere Perspektiven eingenommen werden. Die Ursprünge eines weiblichen Führungsstils sind somit nicht einseitig Ergebnis biologischer Differenzen, sondern auch sozialisatorisch bedingt. Wie sich diese Unterschiede äußern und welche Wirkung sie entfalten, wird ähnlich einem 360-Grad-Feedback ermittelt. Neben Untersuchungen zur Selbsteinschätzung von Mangerinnen werden auch solche zu den Sichtweisen verschiedenster Gruppen wie Kollegen, Mitarbeitern oder Personalfachleuten berücksichtigt. Der Leser erhält hier einen ausgezeichnet strukturierten Überblick zu den aktuellsten Studien bezüglich dieser Thematik und wird so in die Lage versetzt, ein differenziertes Bild zu erwerben, welches einseitigen Klischees widersteht. Dennoch bleibt auch für die Autorin als Fazit unbestritten, dass der Abbau von kulturellen und organisatorischen Hindernissen, die der Karriere von weiblichen Führungskräften im Wege stehen, ein wich-

tiger Baustein für die Entwicklung einer prosperierenden Gesamt-
wirtschaft sind.

Ich wünsche allen Lesern zahlreiche neue Erkenntnisse bei dieser Lektüre!

Prof. Dr. Thomas Lauer

Inhaltsverzeichnis

Bildverzeichnis

Tabellenverzeichnis

Abkürzungsverzeichnis

bspw.	beispielsweise
Bzw.	beziehungsweise
ca.	circa
d.h.	das heißt
Dax	Deutscher Aktienindex
Et al.	et altera
etc.	et cetera
f.	folgende (folgende Seite)
ff.	fortfolgende (folgende Seiten)
Hrsg.	Herausgeber
KMU	kleine und mittlere Unternehmen
N	Anzahl der Befragten
o.J.	ohne Jahreszahl
p.	page
pp.	pages
S.	Seite
u.a.	unter anderem
u.v.m.	und viele mehr
Usw.	und so weiter
vgl.	vergleiche
Vs.	versus
z.B.	zum Beispiel

1 Einführung

„Das Fundament ist gelegt, und es wirkt äußerst stabil,"[1] so äußerte sich *Michael Prellberg*, Koordinator der Financial Times Deutschland-Serie *101 Frauen der deutschen Wirtschaft*, zu Frauen auf dem Weg in die Spitzenpositionen der Wirtschaft.

Das Fundament bilden durchschnittlich fast 50% weibliche Abiturienten in jedem Abschlussjahr und eine hohe Anzahl an Studentinnen an den Hochschulen mit hervorragenden Abschlüssen.[2]

Doch bei einem Blick auf die Geschlechterstruktur im Management nicht nur deutscher Unternehmen, öffentlicher Verwaltungen etc., wird schnell die Frage aufkommen: „Wo sind diese Frauen?" Denn die Zahl weiblicher Führungskräfte in den Managementebenen ist gering. Untersuchungsergebnisse zum Thema Frauen in Führungspositionen weichen, bedingt durch differierende Erhebungsweisen und Bezugsgrößen, voneinander ab. Trotzdem wird eines überdeutlich: Weibliche Führungskräfte sind in den Managementetagen unterrepräsentiert.[3]

Leitungspositionen in Großunternehmen sind beispielsweise nur zu ca. 5% mit weiblichen Führungskräften besetzt. Im öffentlichen Dienst wird von 6% und im Mittelstand von 11% Frauenanteil in Führungspositionen ausgegangen. Aufsichtsrat und Vorstand können mit weniger als 1% Managerinnen aufwarten.[4]

In diesem Jahr schaffte es zum ersten Mal eine Frau in den Vorstand eines Dax-30-Unternehmens. Der Pharmakonzern Schering eröffnete Karin Dorrepaal diese Chance.[5] Möglicherweise sogar bald die zweite Frau im Vorstand eines Dax-notierten Unternehmens könnte Christine Licci sein, die zur HypoVereinsbank wechselt. Statt bei 0,5% läge die Dax-30-Vorstandsfrauenquote dann bei 1%.[6]

---

[1] Prellberg, M. (2003), S. 15.
[2] Vgl. Prellberg, M. (2003), S. 15; Fuchs, S. et al. (2004), S. 49.
[3] Vgl. Dienel, Ch. (1996), S. 27; vgl. Rau, I. (1995), S. 11; vgl. International Labour Office (2004), p. 13.
[4] Vgl. Henry-Huthmacher, Ch. (1998), S. 7.
[5] Vgl. Fuchs, S. et al. (2004), S. 49.
[6] Vgl. Ruess, A. (2004), S. 102 f.

Die Herausgeber des Buchs *101 Frauen der deutschen Wirtschaft* beschreiben, in Anlehnung an die oben zitierte Financial Times-Reihe, die Situation wie folgt.

Im Jahr 2001 lag der Anteil weiblicher Führungskräfte zwischen 4% und 20%. Unterschiede in der Verteilung bestehen nicht nur zwischen Mittlerem und Top Management, sondern auch zwischen Mittelstand und Großunternehmen. Die Situation im Mittelstand gestaltet sich in der Hinsicht, dass Frauen in KMUs einen beachtlichen Anteil an Führungspositionen stellen. Allerdings nimmt mit steigender Betriebsgröße der Managerinnenanteil ab. Frauen im Vorstand sind auch bei *Keese* und *Münchau* eher die Ausnahme, denn die Regel. Ebenso zeigt die Betrachtung dieser Zahlen, dass Deutschland mit durchschnittlich 11% Frauenanteil an der Gesamtzahl der Führungspositionen im internationalen Vergleich hinten liegt.[7]

Die Hoppenstedt Firmendatenbank bietet ebenfalls einen interessanten Einblick in die Verteilung weiblicher Führungskräfte in Großunternehmen, Mittelständischen Betrieben, Verbänden und Behörden. Eine Analyse befasst sich dabei mit der Entwicklung zwischen 1995 und 2002. Dabei zeigt sich folgendes Bild:

---

[7] Vgl. Keese, Ch.; Münchau, W. (2003), S. 5 f.

Tabelle 1: Anteil weiblicher Führungskräfte im Mittleren und Top Management in Großunternehmen, Mittelstand, Verbänden/Behörden (Quelle: Hoppenstedt Firmendatenbank, Stand: März 2003; Angaben in %)[8]

	1995	1999	2002
Frauenanteil gesamt	8,17	9,20	9,98
Davon *Großunternehmen*	4,77	6,35	7,29
Top Management	3,20	5,03	5,97
Mittleres Management	5,80	7,98	9,01
Davon *Mittelstand*	11,04	10,85	11,37
Top Management	8,08	8,04	8,39
Mittleres Management	16,28	15,77	16,69
Davon *Verbände/Behörden*	9,76	12,56	13,36
Top Management	9,31	10,63	11,99
Mittleres Management	11,80	17,60	17,11

Die Zahlen belegen, weibliche Führungskräfte gibt es noch relativ wenig. Aber es gibt sie! Auch ist eine Tendenz erkennbar, die belegt, dass sich Frauen langsam aber stetig ihren Weg in die Chefsessel bahnen. Dabei liegt wohl einer der vielen Gründe für diesen Trend in einem Wertewandel auch im Bereich der Führung von Mitarbeitern. Diese erwarten in verstärktem Maße andere Vorgehens- und Verhaltensweisen von ihren Vorgesetzten als noch vor einigen Jahren. Dabei zu nennen sind Schlagworte wie Partizipation, Kooperation, Selbstentfaltung, Teamorientierung und aktive Kommunikation.

In diesem Zusammenhang sind Eigenschaften der Führungskraft gefragt, die häufig in der Literatur als typisch weibliche Charaktereigenschaften beschrieben werden. Schon früh begannen hier feministische
Kampfesparolen einen Weg für Frauen in die erstrebenswerten

---

[8]   Vgl. Mertens, H. (2004).

Machtgebiete der Wirtschaft zu ebnen. Jene lange Zeit verschmäh-
ten weiblichen Eigenschaften bildeten hierfür den Ansatzpunkt. Sie
sollten einen ganz eigenen, weiblichen Führungsstil etikettieren. In
Büchern und Artikeln wurden die weiblichen Fähigkeiten hoch ge-
lobt und eine Trendwende in der Führung heraufbeschworen. Aber
es gab auch Auffassungen, die davon ausgingen, dass keinerlei Unterschied im Führungsverhalten von Frauen und Männern festzustellen sei.

Als mit Beginn der 70er Jahre die ersten Frauen eine Position im
Management anstrebten, konnten sie als Führungskraft nur dann
bestehen, wenn sie nicht nur wie ein Mann agierten, sondern nach
Möglichkeit auch wie ein solcher aussahen.

Doch die Zeiten scheinen sich zu ändern. Weibliche Fähigkeiten
und Fertigkeiten, die in der Vergangenheit von einem Großteil der
Gesellschaft negiert und den Frauen beim Aufstieg in die Leitungs-
ebene als Steine in den Weg geräumt wurden, dienen nun als Mittel
für ein besseres Betriebsklima und eine effektivere Mitarbeiterbe-
ziehung.

2 Führungsrelevante Begrifflichkeiten

Führung ist ein zentraler Begriff dieser Untersuchung.

Aus diesem Grund werden im nun folgenden Kapitel zur Erreichung einer gleichen Ausgangsbasis bestimmte führungsrelevante Begriffe einer kurzen, detaillierten Betrachtung unterzogen.

2.1 Führung

Führung versteht sich als eine, zu einem bestimmten Zeitpunkt oder in einer bestimmten Situation vollzogene soziale Interaktion zwischen mindestens zwei Personen, dem Führenden und dem Geführten. Eine „ziel- und ergebnisorientierte, aktivierende und wechselseitige, soziale Beeinflussung zur Erfüllung gemeinsamer Aufgaben"[9] steht dabei im Zentrum des Interesses.[10] Die Aktivierung und Förderung der Leistungsbereitschaft und -fähigkeit der Mitarbeiter,[11] die Bereitstellung benötigter Ressourcen, sowie die Schaffung optimaler und motivierender Arbeitsbedingungen werden ebenfalls hinzugezählt.[12]

Das Ziel der Führung liegt also darin, Menschen mit unterschiedlichsten persönlichen Zielen, Zweckvorstellungen, Wünschen und Bedürfnissen in einem Unternehmen zusammenzuführen, um ein betriebliches Ziel zu erreichen. In einer solchen Zweckgemeinschaft zeigen Führende Verhaltensweisen und Führungsstile, welche die Handlungen der Mitarbeiter so leiten sollen, dass betriebliche und menschliche Ziele so weit wie möglich in Einklang kommen.[13] Im Rahmen dieser Untersuchung erfolgt die Verwendung von *führen* und *managen* synonym.

2.2 Führungskraft und Managementebene

Als Führungskraft oder Manager sollen Frauen und Männer bezeichnet werden, die nach den oben stehenden Ausführungen agieren.

---

[9] Wunderer, R. (2003), S. 4.
[10] Vgl. Westerholt, B. (1998), S. 49; vgl. Jung, H. (2003), S. 402.
[11] Vgl. Stroebe, R. W. (1999), S. 11.
[12] Vgl. Jung, H. (2003), S. 402.
[13] Vgl. Haberkorn, K. (1999), S. 130.

Dies bedeutet, jene Person hat eine Position in einem Unternehmen, einer öffentlichen Verwaltung, etc. inne, die sie befugt anderen Menschen Anweisungen zu erteilen. Neben der Erteilung von Befehlen besitzt der Führende in erster Linie gegenüber seinen Mitarbeitern Entscheidungskompetenz mit daraus resultierender Darlegung der Vorgehensweise bei der Aufgabenerledigung.[14] Dies soll den Manager befähigen, die ihm unterstellten Mitarbeiter in einer direkten und persönlichen Wechselbeziehung zu einer optimalen Zielerreichung und -erfüllung zu leiten. [15]

Daneben zählen weitere Funktionen, wie Information, Motivation und Coachen der Mitarbeiter zur Führungsaufgabe.[16] Ebenso lassen sich Organisation und Koordination des Arbeitsumfeldes, Kontrolle der Aufgabenerfüllung, Mitarbeiterauswahl, -beurteilung, sowie -förderung und Fürsorge gegenüber den Mitarbeitern bei der Bewältigung von Problemen im Team oder Privatbereich in den Kompetenzbereich einer Führungskraft eingliedern.[17] Nach Erfüllung eines Ziels liegt es am Manager seinen Mitarbeitern Feedback, Lob oder Kritik entgegenzubringen.[18]

Die Anzahl der unterstellten Mitarbeiter und der Umfang der Entscheidungskompetenz hängt meist von der jeweiligen Führungsebene ab auf der sich der Manager befindet. Die Art und Anzahl von Führungsebenen variiert von Unternehmen zu Unternehmen und zwischen Privatwirtschaft und öffentlichen Verwaltungen. Meist wird aber von drei Führungsebenen gesprochen. Dabei ist die erste Ebene, auch als Top Management bezeichnet, die höchste Ebene im Unternehmen. Vorstand, Eigentümer und Geschäftsführer stellen diese Top Positionen. Das Mittlere Management als zweite Ebene wird z.B. durch Hauptabteilungsleiter und Bereichsleiter bestimmt. Abteilungsleiter, Gruppenleiter, wie z.B. Meister sind auf der dritten Ebene, dem Unteren Management, zu finden.[19] Neben

---

14 Vgl. Löhr, U. (1997) nach Spieß, G. (2000), S. 53.
15 Vgl. Goos, G.; Hansen, K. (1999), S. 23.
16 Vgl. Schanz, G. (1998), S. 122; vgl. Wunderer, R. (2000), S. 25.
17 Vgl. Jung, H. (2002), S. 156; Jung, H. (2004), S. 156.
18 Vgl. Wunderer, R. (2000), S. 26.
19 Vgl. Rahn, H.-J. (2002), S. 38 ff.; vgl. Rahn, H.-J. (1992), S. 378; vgl. Jung, H. (2004), S. 161 f.

der Bezeichnung Führungsebene werden auch die Begriffe Management- bzw. Hierarchieebene verwendet.

2.3 Führungstheorien

Im Zusammenhang mit Führung bemüht sich die Wissenschaft Erklärungsansätze zu finden. Diese so genannten Führungstheorien entwerfen ein Bild über die für Führung notwendigen Strukturen, Konditionen, Abläufe und Konsequenzen. Es werden Faktoren bestimmten, die für einen ökonomischen und sozialen Führungserfolg dienlich sind. Führungstheorien dienen dazu ein Verständnis dafür zu entwickeln, welchen Einfluss Führungskräfte auf die Mitarbeiter zur Erreichung oder Erweiterung eines angestrebten Leistungs- und Verhaltensniveaus in bestimmten Situationen ausüben müssen.[20]

Neben einer großen Ansammlung von Führungstheorien in der Literatur,[21] sollen zwei der bedeutsamsten herausgegriffen werden.

Die erste Theorie befasst sich mit den Eigenschaften des Führers. Welche Dispositionen muss ein Manager besitzen, um effektiv zu führen? Dieser Ansatz wird als Eigenschaftstheorie bezeichnet.[22]

Im Zentrum der zweiten Theorie steht der Aspekt der Situation, woraus sich auch der Begriff Situationstheorie ableitet. Hierbei spielen Faktoren eine Rolle, die situationsbedingt Führung beeinflussen.[23] Eine Beschreibung der beiden Ansätze folgt nun.

2.3.1 Eigenschaftstheorie

Die Eigenschaftstheorie, bei *Rosenstiel* auch als personalistische Führungstheorie bezeichnet, beschreibt ein Konzept, das versucht den „Führungserfolg als Funktion von Persönlichkeitsmerkmalen"[24] des Managers zu begreifen.

Kerngedanke dieser Theorie ist, dass bestimmte Personen durch ihre angeborenen oder erlernten Persönlichkeitseigenschaften ein größeres Potenzial haben Menschen anzuleiten, als Personen denen diese Eigenschaften fehlen. Die Eigenschaften der Führungs-

---

[20] Vgl. Drumm, H. J. (1992) nach Jung, H. (2004), S. 198.
[21] Vgl. Jung, H. (2004), S. 198.
[22] Vgl. Jung, H. (2003), S. 407.
[23] Vgl. Jung, H. (2003), S. 407.
[24] Rosenstiel, L. v. (2003), S. 165.

kraft stehen hier also im Mittelpunkt der Überlegung. Dabei vermutete die Führungsforschung lange, dass neben physischen Dispositionen, wie Größe, Gesundheit und Konstitution auch die Charaktermerkmale des Führenden, wie Intelligenz, Fleiß, Willensstärke, Leistungsmotivation und hohe Frustrationstoleranz[25] sowie wie Aggressivität, Leistungsorientierung, Unabhängigkeit, Dominanz und Extrovertiertheit[26] für eine optimale Leitung des Untergebenen von entscheidender Bedeutung seien. Aus diesem Grund wurden Führungspersonen, in der Vergangenheit zumeist Männer, auf ihre Persönlichkeitsmerkmale hin untersucht und aus diesen Führungseigenschaften abgeleitet.[27]

Dabei sind diese Eigenschaften, die bis heute das Bild einer Führungskraft prägen, mit dieser ursächlichen Definition der bis dato ausschließlichen männlichen Stelleninhaber verbunden. Vereinfacht bedeutet dies: Mann = Manager. Dem gegenüber standen die weiblichen Eigenschaften. Sie galten als gegensätzlich zu den männlichen. Die Folge: Frau ≠ Manager.[28]

Im Folgenden wurde aber durch Untersuchungen deutlich, dass das Vorhandensein bestimmter relevanter Führungseigenschaften zwar eine wichtige Rolle bei der Anleitung von Gruppen und Personen spielt, nicht aber als einziges Argument für eine gute Führung reichte. Als wesentlicher wurde das Führungsverhalten erachtet. Dieses wird zwar zum Teil durch die persönlichen Eigenschaften determiniert, hauptsächlich aber von der jeweiligen Situation.[29] Daraus entstand ein neuer Erklärungsansatz für die Führung, die Situationstheorie.

---

[25] Vgl. Jung, H. (2004), S. 198.

[26] Vgl. Stogdill, R. (1974) nach Preuss, E. (1986), S. 44.

[27] Vgl. Jung, H. (2004), S. 198.

[28] Vgl. Preuss, E. (1986), S. 44 f.; vgl. Neubauer, R. (1990) nach Rosenstiel, L. v. (2000), S. 160.

[29] Vgl. Jung, H. (2003), S. 408 f.; vgl. Westerholt, B. (1998), S. 50; vgl. Rahn, H.-J. (1992), S. 32 ff.; vgl. Jung, H. (2004), S. 198.

2.3.2 Situationstheorie

In Folge der unzureichenden Erklärungsmöglichkeit der Eigenschaftstheorie suchte die Wissenschaft nach neuen Erklärungsansätzen. Dabei entwickelte sich die Situationstheorie.

Der Kerngedanke der Situationstheorie beschränkt sich nicht nur auf einen Faktor, sondern vereint mehrere Aspekte. Eine effektive Führung wird dabei von drei Einflussgrößen bestimmt, die wiederum von spezifischen Merkmalen determiniert werden:

- **Führungskraft:** Hier spielen Aspekte wie Charakter, Führungsverhalten, Eigenschaften und Erfahrung eine Rolle
- **Team:** Faktoren wie Größe, Struktur, Werthaltungen und Ziel üben dabei Einfluss aus
- **Situation:** Politisches und gesellschaftliches Umfeld, Arbeitsumfeld und jeweilige Aufgabe bestimmen die situativen Gegebenheiten[30]

Für eine gute Führungskraft musste es demnach möglich sein Situation, Beziehung des Teams und die jeweilige Aufgabe zu ergründen und das eigene Führungsverhalten danach auszurichten.[31] Nicht nur eine Art von erfolgreichem Manager ist demnach denkbar. Genauso wenig wie es nur einen erfolgreichen Führungsstil geben kann.[32]

Die Situationstheorie befriedigte erstmals den Wunsch nach einem ganzheitlichen Erklärungsansatz für den Begriff der Führung.

2.3.3 Kritische Bewertung

Das Thema *Weibliche Führung* steht besonders deshalb im Zentrum des Interesses, weil Frauen meist bereits durch ihre Zugehörigkeit zum weiblichen Geschlecht, Eigenschaften und Fähigkeiten nachgesagt werden, die sie als Führungskraft prädestinieren.

---

[30] Vgl. Jung, H. (2003), S. 410 f.
[31] Vgl. Zander, E. (1980) nach Jung, H. (2004), S. 199.
[32] Vgl. Jung, H. (2004), S. 199.

Da die Eigenschaftstheorie in der Praxis oft Anwendung findet,[33] knüpft sie an diese Vermutung an, da sie auf bestimmte führungsrelevante Dispositionen schließt. Doch wie sich zeigt, reicht diese Argumentation nicht aus, um den komplexen Vorgang der Führung zu beschreiben. Deshalb kann auch nicht lediglich von weiblichen Eigenschaften auf eine hinreichende Führung geschlossen werden.

Viel mehr muss, wie bei der Situationstheorie beschrieben, eine Vielzahl von Faktoren berücksichtigt werden, welche auch die weibliche Führung determinieren.

---

[33] Vgl. Jung, H. (2004), S. 198.

3 Determinanten des Verhaltens

Bei einer Untersuchung, inwieweit spezifisch weibliche Verhaltensweisen bei der Mitarbeiterführung vorhanden sind, sollte zuerst ein Blick auf die möglichen Einflussfaktoren von Verhaltensdispositionen geworfen werden.

In diesem Zusammenhang werden zwei Faktoren als besonders prägnant erachtet.

Zum einen der Einfluss durch Sozialisation im Elternhaus und im persönlichen Umfeld. Die Sozialisation ist der Aspekt, welcher über Jahrzehnte am stärksten in Zusammenhang mit Unterschieden zwischen den Geschlechtern gebracht wurde.

Zum anderen die Ausprägung der menschlichen Biologie und Verhaltensgenetik, als Ursache bestimmter verhaltenstypischer Eigenschaften der Geschlechter. Die Annahme, dass die Biologie einen nicht minder wichtigen Tatbestand bei der Einteilung weiblicher und männlicher Eigenschaften und Verhaltensweisen spielt, findet in den letzten Jahren verstärkt Zuspruch. Eine genauere Auseinandersetzung mit diesem Thema führt zu der Ansicht, dass dieser Bereich möglicherweise größeren Einfluss auf die Eigenschaften im Verhalten jedes Menschen hat als die Sozialisation. Eventuell wird diese sogar von biologischen und genetischen Faktoren bestimmt.

Sozialisation und menschliche Biologie als Ursachen möglicher geschlechtsspezifischer Dispositionen sollen daher im Folgenden untersucht werden, um geschlechtssignifikante Charakteristika von Frauen und den daraus folgenden Möglichkeiten für Verhalten und Handeln erörtern zu können. Neben der Darstellung weiblicher Eigenschaften werden ebenso männliche Eigenschaften zur klaren Abgrenzung der Geschlechter beschrieben.

3.1 Verhaltensdeterminante Sozialisation

Eine Erläuterung des Begriffs Sozialisation und die durch diese bedingte geschlechtsspezifische Ausprägung von Verhaltensweisen wird im Folgenden dargestellt.

3.1.1 Hintergrund

Die Sozialisation galt lange Zeit als einzig anerkannte Ursache für ein typisch geschlechtsspezifisches Verhalten.

Dabei bildet der Kernpunkt der Geschlechtsunterschiedshypothese die Tatsache, dass durch Sozialisation von Geschlechtsrollen spezifische weibliche und männliche Persönlichkeitsstrukturen hervortreten. Nicht nur für Führungskräfte beiderlei Geschlechts, sondern für alle Frauen und Männer gilt, dass sie sich „in ihren Persönlichkeitsmerkmalen, ihren Präferenzen, motivationalen Orientierungen und ihrem (Rollenkonflikt-) Erleben nach Maßgabe der Geschlechtsnormen"[34] unterscheiden.

Sozialisation versteht sich dabei als ein aktiver Prägungsprozess. Ein Prozess der Entstehung, Entwicklung und Veränderung der Individualität eines Menschen. In diesem Prozess wirken gesellschaftlich akzeptierte soziale, materielle und kulturelle Einflüsse. Sozialisation geschieht dabei nicht nur zu einem bestimmten Zeitpunkt, sondern vollzieht sich das ganze Leben lang mit mehr oder minder ausgeprägter Intensität.[35] Das Kinder- und Jugendalter ist wohl der am nachhaltigsten beeinflusste Zeitabschnitt. In dieser Zeit bildet das „Erlernen sozialer Rollen gemäß normativer Erwartungen"[36] das Zentrum der Sozialisation. Auch lernen Heranwachsende in dieser Phase, was gesellschaftlich als typisch weiblich bzw. männlich angesehen wird.[37] Auch die so genannten Peergroups[38] spielen neben Familie und Schule eine wichtige Rolle im Sozialisationsprozess.[39]

Besonders die Familie hat in den ersten Jahren nach der Geburt eine wichtige Aufgabe bei der Bildung der Persönlichkeit eines Kin-

---

[34] Friedel-Howe, H. (1990a), S. 5.
[35] Vgl. Luca, R. (2003), S. 7; vgl. Hurrelmann, K. (2000), S. 19.
[36] Luca, R. (2003), S. 7.
[37] Vgl. Luca, R. (2003), S. 7.
[38] Peergroup: „Bezugsgruppe eines Individuums, die aus Personen gleichen Alters, gleicher oder ähnlicher Interessenlage und ähnlicher sozialer Herkunft besteht und es in Bezug auf Handeln und Urteilen stark beeinflusst." DUDEN (1990), S. 585.
[39] Vgl. Baumgart, F. (2000), S. 87.

des. Dabei hinterlassen Rollenklischees der Herkunftsfamilie einen starken Eindruck. Zwar werden in der heutigen Zeit geschlechtliche Differenzierungen zwischen weiblichen und männlichen Heranwachsenden meist nicht mit jener Intensität betrieben wie in den Jahrhunderten zuvor. Im Gegenteil, Eltern versuchen ihre Kinder zum Großteil geschlechtsneutral zu erziehen. Jedoch ist festzustellen, dass gewisse Ein- und Vorstellungen aus früheren Zeiten unbewusst weiter getragen werden und immer noch wirken.[40]

Aber nicht nur innerhalb der Familie durchlaufen Kinder einen Sozialisationsprozess, der ein gewisses Auftreten von ihnen verlangt. Die Gesellschaft vertritt ebenfalls bestimmte Erwartungshaltungen an das Rollenverhalten von Frauen und Männern.

Bereits weibliche Heranwachsende sollen Harmonie im Umgang mit anderen Menschen anstreben und sich den Bedürfnissen der Mitmenschen annehmen. Sie werden dazu angehalten sich nicht auffällig zu benehmen. Für eine erwachsene Frau kann sich eine solche Prägung im späteren Berufsleben nachteilig auswirken. Besonders dann, wenn die Frau durch Rücksichtnahme auf Bedürfnisse anderer, z.B. der ihrer Kollegen und die Zurückstellung der eigenen Bedürfnisse auf eine Karriere in ihrem Job verzichtet.[41]

Im Gegensatz zu weiblichen dürfen sich männliche Kinder nichts gefallen lassen. Sie sollen frech und mutig sein. Für sie bedeutet, je größer der Gegner und die Herausforderung, umso mehr Ansehen und Achtung wird ihnen zu Teil kommen. Jungen verhalten sich bereits früh statusorientiert.[42]

Beide Elemente der Sozialisationsprozesse sind von Bedeutung. Und, wie bereits oben erwähnt, werden Kinder in den meisten Familie nicht mehr geschlechtsrollenkonform erzogen. Auch Mädchen dürfen im Wald rumtollen, und Eltern erziehen ihre Töchter zu einem selbstständigen, unabhängigen Leben.

Interessant ist aber die Tatsache, dass selbst Kinder, die aus einem Elternhaus kommen, in dem sie nicht nach klassischen Geschlechtsrollen erzogen wurden, bei Befragungen typisch traditio-

---

[40] Vgl. Dobner, E. (2001), S. 15; vgl. Dobner, E. (1997), S. 9.
[41] Vgl. Dobner, E. (1997), S. 18.
[42] Vgl. Dobner, E. (2001), S. 18 f.; vgl. Dobner, E. (1997), S. 15.

nelle Vorstellungen über Frauen und Männer äußern. Die Kinder werden also auch außerhalb der eigenen vier Wände beeinflusst. Ob im Kindergarten, auf der Straße, beim Einkaufen oder durch das Fernsehen. Überall lernen Heranwachsende von Freunden und Fremden klischeehafte Verhaltensweisen von Frauen und Männern kennen.[43] Besonders auch das Fernsehen übt eine große Suggestion aus. So zeigte sich bei einer Untersuchung, dass die Meinung jener Kinder traditioneller gegenüber den Rollenvorstellungen der Geschlechter war, die öfter fernsahen. Dies liegt unter Umständen daran, dass in Werbung und Filmen oft vermeintlich typisch weibliches bzw. männliches Verhalten dargestellt wird.[44]

Nahrung finden klischeehafte Vermutungen über rollenspezifisches Verhalten von Frauen und Männern durch so genannte Stereotype.

Ein Stereotyp ist dabei ein „eingebürgertes Vorurteil mit festen Vorstellungsklischees innerhalb einer Gruppe"[45] über eine andere Gruppe oder einzelne Personen.

Spreemann erklärt die Stereotypisierung folgendermaßen.

Bevor Stereotype entstehen, werden Menschen in soziale Kategorien eingeteilt, z.B. Kategorie Frau - Kategorie Mann. Dabei geht der Zugehörige der einen Gruppe (ingroup) davon aus, dass der Unterschied zwischen seiner und der anderen Gruppe (outgroup) sehr groß ist. Differenzierungen zwischen den Angehörigen der eigenen Gruppe sind stark ausgeprägt. Dagegen wird angenommen, dass zwischen den Angehörigen der anderen Gruppe nahezu Homogenität besteht.[46]

Daraus schlussfolgert *Spreemann*, dass hierdurch eine zu starke Verallgemeinerung von Annahmen entsteht und sich stereotype Bilder von Personen und Gruppen entwickeln. Dies ist speziell dann zu vermuten, wenn Informationen über den Zugehörigen einer Kategorie lediglich in geringem Maße vorhanden sind.[47] Darin be-

---

43 Vgl. Bischof-Köhler, D. (2002), S. 78.
44 Vgl. Eltaewa, A. et al. (2002), S. 7.
45 DUDEN (1990), S. 742.
46 Vgl. Brehm, S. S. et al. (1999) nach Spreemann, S. (2000), S. 14.
47 Vgl. Spreemann, S. (2000), S. 14.

gründet sich nach wissenschaftlicher Meinung eine Ursache für die Bildung von Stereotypen. Forscher vermuten, „dass Stereotypisierungsphänomene vollständig unter Rückgriff auf die Standardstrategien des menschlichen Informationsverarbeitungssystems erklärt werden können."[48] Demnach dient die Stereotypisierung der Befriedigung nach bspw. Vorhersehbarkeit und Einfachheit. In diesem Zusammenhang stellen Stereotype einen Vorteil dar, denn sie helfen kognitiven Stress zu vermeiden. Durch Stereotype werden eintreffende Stimuli vereinfacht. Ebenfalls erlauben Stereotype durch eine strukturierte Wissensbasis, Verhaltensweisen anderer Personen vorherzusehen und zu verstehen. Folge ist aber, dass diese Vermutungen meist nicht korrekt sind bzw. nicht jeder einzelne Gruppenzugehörige diesen Annahmen entsprechen muss.[49]

Dies bemängelt auch *Bischof-Köhler*. Sie kritisiert, dass Stereotype schnell zu sozialen Urteilen werden und sich dabei z.B. Erwartungen an die spezifischen Rollen der Geschlechter definieren. So können Vorurteile gegenüber einer Gruppe von Menschen, z.B. Frauen, entstehen. Diese werden nicht mehr mit ihren individuellen Fähigkeiten und Eigenschaften gesehen, sondern grob verallgemeinert. Besonders schwierig ist es, solche Stereotype zu widerlegen, da diese von einer breiten Bevölkerungsmasse anerkannt und akzeptiert sind. Dies führt meist dazu, dass stereotype Erwartungen z.B. in der Phase der Sozialisation an Kinder weitervermittelt werden, die dann wiederum ihre Geschlechtszugehörigkeit daran definieren.[50]

Ein weiterer problematischer Aspekt der Sozialisation wird von *Spieß* beschrieben. Dabei ist eine Ursache die erste, wichtigste Bezugsperson im Leben eines Kindes. Bei den meisten Sprösslingen ist dies die Mutter.

Für einen Jungen verkörpert die Mutter eine geschlechtsfremde Person. Er muss also, um die an sein Geschlecht gerichteten geschlechtskonformen Anforderungen zu erfüllen, das Gegenteil seiner weiblichen Bezugsperson werden. Dies ist der Grund, warum

[48] Spreemann, S. (2000), S. 13.
[49] Vgl. Tajfel, H. (1981), Bodenhausen, G. V.; Wyer, R. S. (1985), Heilman, M. E. (1983) nach Spreemann, S. (2000), S. 13 f.
[50] Vgl. Bischof-Köhler, D. (2002), S. 3.

männliche Nachkommen versuchen sich möglichst frühzeitig von der Mutter zu lösen. Vorteilhaft ist dies für den Jungen, da er zu einem frühen Zeitpunkt bereits lernt mit seinen Ängsten umzugehen. Durch das Entziehen aus mütterlicher Kontrolle und ihrem Schutz baut das Kind mentale Kraft auf und lernt Risiken zu begegnen. Gleichaltrige Jungen werden in dieser Phase immer wichtiger. Im Spiel lernt die männliche Generation untereinander Regeln und Vorschriften zu definieren und auf einer sachlichen Ebene in Konkurrenz zu treten. Mädchen hingegen haben eine gleichgeschlechtliche Bezugsperson. Für weibliche Nachkommen ist die Mutter in vielen Fällen eine Art Spiegelbild. Sie dürfen sich der Mutter angleichen. Dies wird sogar oft von ihnen erwartet. Anders als bei Jungen stellt die Nähe zur Mutter für Mädchen Stärkung dar. Durch diese intime Beziehung zur Mutter fehlen ihnen aber oft Risikoerfahrungen, selbst gewonnene Stärke und die Fähigkeit zur sachlichen Konkurrenz in einer Gruppe.[51] Mögliche Ursachen, die ihnen auch lange Zeit den Weg in eine Führungsposition verwehrt haben.

Der Auffassung, dass die Sozialisation auch zum Teil das Führungsverhalten determiniert, vertreten im Übrigen auch einige weibliche und männliche Manager. Die Befragungen von *Goos* und *Hansen* verdeutlichen, dass über ein Drittel der befragten Führungspersonen der Meinung ist, ihre Führungskompetenzen in der Sozialisation ausgebildet zu haben.[52]

3.1.2 Ausprägung

Im vorangegangenen Abschnitt wurde erörtert, welche ursächlichen soziologischen Aspekte zu geschlechtsspezifisch unterschiedlichen Persönlichkeitseigenschaften und individuellem Verhalten führen. Nun folgt eine Darstellung der ersichtlichen Differenzen.

Die Sozialisierung und damit verbundene Erziehung von Jungen und Männern zielt in verstärktem Maße darauf ab, aus ihnen aktive, rationale und unabhängige Persönlichkeiten zu machen.[53]

---

[51] Vgl. Spieß, G. (2000), S. 49.
[52] Vgl. Goos, G.; Hansen, K. (1999), S. 197.
[53] Vgl. Weinert, A. B. (1990), S. 41.

Was wiederum die Durchsetzungsfähigkeit besonders in Situationen stärken soll, die Kampfgeist erfordern. Männern werden deshalb auch weniger emotionale Fähigkeiten zugesprochen. Dafür handeln sie stärker sachorientiert.[54]

Das männliche Verhalten ist durch stärkeres Selbstvertrauen, aber auch durch höhere Aggressivität und Gewaltbereitschaft geprägt. Sie neigen zu hierarchischen Strukturen und Dominanzverhältnissen und agieren risikofreudiger.[55]

Als wesentlich friedfertiger, egalitärer, kooperativer und sicherheitsorientierter als Männer werden Frauen beschrieben.[56]

Besonders auch durch die Sozialisation geprägt, ist die Annahme, dass Frauen zu einer passiven, loyalen, emotionalen und unterstützenden Art tendieren.[57] Erziehungsbedingt wurde ihnen aber auch Intuition und Abhängigkeit zugesprochen.[58] Frauen gelten im Privatleben und Beruf als weniger status- und geldorientiert. Sie legen vielmehr Wert auf Freunde und eine gute Gemeinschaft. Sie entsprechen der beziehungsorientierten Person.[59]

Die nachfolgenden Tabellen 2, 3 und 4 stellen einen Einblick in die Entwicklung stereotyper Vorstellungen zwischen 1984 und 2003 dar.

[54] Vgl. Dobner, E. (2001), S. 19.
[55] Vgl. Benard, C.; Schlaffer, E. (2003), S. 62; vgl. Rauch, J. (2004), S. 69; vgl. Sordon, E. (1995), S. 19; vgl. u.a. Eagly, A. H.; Steffen, V. J. (1986) nach Wunderer, R.; Dick, P. (1997), S. 13.
[56] Vgl. Benard, C.; Schlaffer, E. (2003), S. 62; vgl. Pease, A.; Pease, B. (2001) nach Steins, G. (2003), S. 20.
[57] Vgl. Müller, U. (1995), S. 103.
[58] Vgl. Weinert, A. B. (1990), S. 41.
[59] Vgl. Dobner, E. (1997), S. 19.

Tabelle 2: Erwartete geschlechtstypische Interessen und Einstellungen 1984 [60]

	Frauen	Männer
Werte und Interessen	• Beziehungsorientierung • Häuslichkeit • Aussehen wichtig • Unterstützung anderer	• Brotverdiener, Leistungs-, Geld- und Statusorientierung • Konkurrenz, Wettkampf • Kompetenz, Intellekt
Emotionen und emotionale Bedürfnisse	• kooperativ, geduldig, verantwortungsvoll, großmütig • Intuition, empfindlich, sentimental, vorsichtig • nett, wohlerzogen • passiv, wankelmütig, untergeordnet, abhängig • um andere besorgt • ängstlich, zerbrechlich	• aktiv, abenteuerlustig, mutig • aggressiv, autoritär, dominant, hart • Unabhängigkeit • rational, realistisch, kontrolliert
Aspekte der Kommunikation	• emotional • interessiert	• stark, unemotional • konkurrierend

Aspekte, die zehn Jahre später, um 1994 die Erwartungen über Geschlechter prägten, sind in Tabelle 3 ersichtlich.

---

[60] Vgl. Marshall, J. (1984), S. 27.

Tabelle 3: Erwartete geschlechtstypische Interessen und Einstellungen 1994 [61]

	Frauen	Männer
Werte und Interessen	▪ Liebe, Harmonie, Schönheit ▪ Freundschaft, Familie ▪ Fleiß, Geduld, Toleranz ▪ Sicherheit, Geborgenheit ▪ Selbstverwirklichung im Beruf	▪ Ansehen, Status, Geld, Macht ▪ Beruf, Karriere, Fachkompetenz ▪ Wettkampf, Risiko, Sport ▪ Fairness, Gerechtigkeit
Emotionale Bedürfnisse	▪ Bedürfnis nach Verständnis und Unterstützung ▪ Gefühle ausdrücken und mit anderen teilen ▪ zuhören, auf andere eingehen, andere umsorgen ▪ Kompromisse finden ▪ warme Atmosphäre	▪ Bewunderung, Akzeptanz ▪ Vertrauen ▪ gebraucht werden ▪ Selbstständigkeit ▪ Unabhängigkeit ▪ kein Mitleid ▪ Dominanz ▪ Klarheit, Berechenbarkeit
Aspekte der Kommunikation	▪ aktives Zuhören, Blickkontakt ▪ zugewandte Haltung ▪ ermutigen, nachfragen ▪ schweigen ▪ Wiederholung der Aussagen des Gesprächspartners ▪ Gespräch wichtiger als Inhalt ▪ Auseinandersetzung herunterspielen oder schnell lösen	▪ Aussagen treffen, Lösungen finden ▪ private Probleme alleine lösen ▪ lieber Fachliches als Persönliches besprechen ▪ sich selbst in den Vordergrund stellen ▪ streiten, auseinandersetzen ▪ konkurrieren, gewinnen wollen

---

[61] Vgl. Echter, D. (1994), S. 31.

Ein Vergleich der beiden Tabellen zeigt, dass sich die Erwartungen in diesem Zeitraum nicht grundlegend änderten. Als prägnanteste Modifikation könnte der Wandel von der Häuslichkeit hin zu einer Selbstverwirklichung der Frau im Beruf gewertet werden.

Nach *Rosenstiel* gelten für die jetzige Zeit folgende stereotype Meinungen über Frauen und Männer, die in Tabelle 4 beschrieben sind.

Tabelle 4: Erwartete geschlechtstypische Interessen und Einstellungen 2003[62]

	Frauen	Männer
Werte Und Interessen	▪ Beziehungsorientierung	▪ Tatkraft ▪ Leistungsorientierung ▪ Aktivität
Emotionen und emotionale Bedürfnisse	▪ emotional ▪ einfühlsam, fürsorglich ▪ kooperativ ▪ Intuition ▪ abhängig ▪ passiv, unterordnend ▪ empfindlich	▪ Selbstsicherheit ▪ autonom ▪ dominant ▪ rational ▪ unemotional
Aspekte der Kommunikation	▪ emotional ▪ einfühlsam	▪ unemotional

Auch beim Vergleich über die letzten zwanzig Jahre hinweg, ist festzustellen, dass sich die Erwartungen gegenüber geschlechtsspezifischen Interessen, Einstellungen und Verhaltensweisen so gut wie überhaupt nicht geändert haben.

Bei der Aufführung der genannten Aspekte muss aber immer einschränkend hinzugefügt werden, dass nicht alle Punkte für alle Frauen und Männer gleichermaßen gelten können. So legt nicht jede Frau Wert auf schönes Aussehen oder darauf, dass sie andere Menschen umsorgen kann. Es gibt auch Männer, die sehr gute Zuhörer für Probleme sind ohne gleich Lösungsvorschläge einbringen zu

---

[62] Vgl. Rosenstiel, L. v. (2003), S. 175.

müssen. Die Tabellen spiegeln in ihrer Gesamtheit eine sehr stereotype Klassifizierung von Frauen und Männern dar. Stereotype Annahmen sind, wie bereits beschrieben, gesellschaftlich sehr konstant
und in der Sozialisation äußerst prägend. Deshalb liegt auch keine
Veränderung der Ansichtsweisen über Frauen und Männer innerhalb des betrachteten Zeitraums vor.

Aber neben der Sozialisation als Determinante des Verhaltens
gibt es noch eine zweite Annahme. Diese gründet auf der menschlichen Biologie und wird im folgenden Abschnitt erläutert.

3.2   Verhaltensdeterminante Biologie

Die Biologie als Determinante des Verhaltens, sowie die damit
verbundenen Erscheinungsformen unterschiedlichen Verhaltens
werden in diesem Abschnitt aufgezeigt.

3.2.1 Hintergrund

Bevor die Sozialisation als Motiv für geschlechtsspezifische Unterschiede an Aktualität gewann, wurden biologische Dispositionen
als einzig akzeptable Begründung dargestellt.[63]

Heute, nach dem Hype um sozialisationsbedingte Einflüsse,
gewinnt auf dem Gebiet der Erklärung von geschlechtsbedingten
Besonderheiten wiederum Biologie und Genetik an Bedeutung.

Biologische Erklärungsansätze zu Verhaltensdifferenzen zwischen den Geschlechtern setzen bei angeborenen, genetischen Unterschieden an.[64] Dabei gelten vor allem die differierende Gehirn-
größe, Konstitution, Körperkraft und Chromosomenzusammenset-
zung bei Frauen und Männern als Merkmale bei der Erforschung
geschlechtsspezifischer Unterschiede. Besondere Beachtung finden
die Gehirnstruktur und die hormonelle Ausstattung[65] in Verbindung mit Verhaltensweisen. Dies steht auch im Mittelpunkt des Interesses dieser Untersuchung. Aus diesem Grund werden Handlungsweisen außer Acht gelassen, die sich aus morphologischen

---

[63] Vgl. Preuss, E. (1986), S. 66.
[64] Vgl. Klingen, N. (2001), S. 23.
[65] Vgl. u.a. Fausto-Sterling, A. (1988) nach Wunderer, R.; Dick, P. (1997), S. 14.

Gegebenheiten, wie z.B. Körpergröße und daraus resultierender geminderter Körperkraft bei Frauen ergeben.

Gene und Hormone verursachen nicht nur anatomische Unterschiede, die ein voneinander abweichendes äußeres Erscheinungsbild bei Frauen und Männern hervorrufen, sondern die Geschlechter unterscheiden sich auch in ihrem Verhalten. Daraus hervorgehende Merkmale können u.a. eine unterschiedliche Gewichtung von Interessen und Motiven, aber auch eine geschlechtsspezifische Auffassung von emotionalem Erleben sein. Diese genetischen Veranlagungen determinieren allerdings nicht das Verhalten der Menschen. Denn der freie Wille ermöglicht Frauen und Männern zwischen Verhaltensweisen zu wählen. *Bischof-Köhler* beschrieb diesen Vorgang wie folgt: „Die Wirkung natürlicher Dispositionen ist appellativer Art; sie legen uns bestimmte Verhaltensweisen näher als andere."[66] Sie geht ebenfalls, wie verstärkt in der Literatur zu finden, davon aus, dass der Unterschied der Geschlechter nicht nur durch die Sozialisation bestimmt wird, sondern auch von der genetischen Veranlagung abhängt.[67] Dazu schreibt sie in ihrem Buch: „Wir müssen zur Kenntnis nehmen, dass das Geschlecht nicht erst durch einen Akt sozialer Konstruktion erschaffen wird, sondern vom Beginn unseres Lebens an schon Weichen stellt, die uns in eine naturgegebene Polarisation gleiten lassen."[68]

Interessant ist diese These möglicherweise mit einem Beispiel zu begründen, welches zeigt, dass bereits die Veranlagung ausschlaggebend für eine Disposition ist, und nicht erst Sozialisation oder Lernprozesse.

Oft wird Frauen nachgesagt, dass sie, bedingt durch ihre Rolle als Mutter, mit Menschen besser und fürsorglicher umgehen können. Die Frau sei, im Falle einer weiblichen Führungskraft, *wie eine Mutter*[69] für ihre Mitarbeiter da. Allerdings gibt es eine große Anzahl weiblicher Führungskräfte, die noch keine Kinder großgezogen bzw. aufgrund ihrer Karriere auf Nachwuchs verzichtet haben. Aus

---

[66] Bischof-Köhler, D. (2002), S. 27; vgl. Rosenstiel, L. v. (2000), S. 159.
[67] Vgl. Bischof-Köhler, D. (2002), S. 105.
[68] Bischof-Köhler, D. (2002), S. 105.
[69] Eigene Hervorhebung.

einem Lernprozess können jene Frauen diese Eigenschaften nicht gewonnen haben. Woher aber kommen diese Fähigkeiten?

Eine Erklärung findet sich möglicherweise in der Biologie. Nach Ansicht *Bischof-Köhlers* ist „die Disposition, *fürsorglich* zu sein, also die Nachkommen zu füttern, zu wärmen, zu transportieren und zu schützen, […] mit einer erheblichen Selektionsprämie versehen. Je besser eine genetische Anlage ein Weibchen zur Brutpflege motiviert, umso mehr erhöht sich die Chance seiner Jungen durchzukommen."[70]

Im Endeffekt könnte dies bedeuten, dass diese Anlage, welche unsere tierischen Vorfahren bereits in sich trugen, auch beim modernen Menschen noch vorhanden ist. Fürsorge und alles was im Zusammenhang mit dieser steht, ist also eigentlich ein rein natürlicher Vorgang, um den Fortbestand der Art zu sichern. Nicht erst der Prozess der Aufzucht der Nachkommen formt eine fürsorgliche Frau. Die verantwortlichen Gene sind demzufolge mehr oder weniger stark in allen Frauen disponibel. Werden weibliche Führungskräfte also als fürsorglich beschrieben, liegt dies bereits in ihrer Biologie und nicht nur an erlernten Fähigkeiten durch Kindererziehung bzw. Sozialisationsmechanismen.

Ein weiterer interessanter Aspekt, den *Bischof-Köhler* beschreibt, ist die Tatsache der Aggressivität. Sie wird Männern stärker nachgesagt als Frauen und findet ihren Ursprung wiederum im genetischen Material.[71] Für die Produktion des Hormons Testosteron[72] ist ein bestimmtes Chromosom,[73] das Y-Chromosom,[74] verantwortlich. Testosteron wird mit dem Merkmal Aggressivität in Verbindung

---

70 Bischof-Köhler, D. (2002), S. 114.
71 Vgl. Bischof-Köhler, D. (2002), S. 118.
72 Testosteron: „stärkstes natürliches Androgen (für die Entwicklung des männlichen Individuums von ausschlaggebender Bedeutung); wichtigste Bildungs- und Transportform der Androgene" Pschyrembel (1998), S. 1557; Androgene: „Sammelbegriff für die männlichen Sexualhormone" Pschyrembel (1998), S. 70.
73 Chromosom: „Träger der genetischen Information […] auf den Chromosomen sind die Gene linear angeordnet" Pschyrembel (1998), S. 281.
74 Y-Chromosom = Gonosomen: Geschlechtschromosomen; bestimmen die somatische Geschlechtsentwicklung; „Auf dem menschlichen Y-Chromosom sind mit Sicherheit bisher nur geschlechtsdeterminierende Gene nachgewiesen, das relativ große X-Chromosom trägt daneben auch zahlreiche andere Gene" Pschyrembel (1998), S. 598.

gebracht. Die Ausprägung von Aggressivität reicht von Gewinnstreben in Wettkämpfen bis zu unsozialem Verhalten, wie z.B. Gewalt.[75] *Bischof-Köhler* bringt diese Aggressivität auf einen ursächlichen Grund. Männliche Lebewesen, ob Mensch oder Tier, mussten von je her für die Arterhaltung mit anderen männlichen Geschlechtsgenossen um Weibchen konkurrieren. Dem bei *Bischof-Köhler* beschriebenen „Konkurrenzdruck"[76] sind Weibchen weit weniger unterworfen und demzufolge auch weniger aggressiv. Daraus lässt sich folgern, dass Frauen möglicherweise auch im beruflichen Bereich weniger aggressiv gegenüber eventuellen Konkurrenten auftreten als Männer dies tun.

Neben genetischen Anlagen, die unterschiedliche Dispositionen bei den Geschlechtern veranlassen, gibt es noch eine weitere Ursache, die in der Biologie begründet ist. Dabei leistet die Neuropsychologie einen wesentlichen Beitrag.

Hierbei besteht die Annahme, dass das Gehirn einer Lateralisierung unterliegt. D.h. einzelne Funktionen sind in den zwei Gehirnhälften, auch Hemisphären genannt, ungleich verteilt, was zu einer funktionalen Asymmetrie führt. Untersuchungen legen dar, dass die linke Hemisphäre verstärkt für logisch-analytische Eignung, verbale Potenziale und schlussfolgerndes Denken zuständig ist. Die rechte Hemisphäre steht für eine ganzheitliche Auffassungsgabe sowie nonverbale Fähigkeiten wie räumlich-visionelles Vorstellungsvermögen und Musikalität.[77] Es ist nachgewiesen, dass die verschiedenen Funktionen und Fähigkeiten bei Männern und Frauen in den beiden Hemisphären in unterschiedlichen Bereichen und mit verschieden starker Ausprägung verteilt sind. Männer sind mehr lateral, Frauen vermehrt bilateral organisiert.[78]

Anders ausgedrückt bedeutet dies, dass die beiden Hemisphären des männlichen Gehirns stärker spezialisiert sind und vermutet werden kann, dass vor allem Männer in Spezialbereichen sehr gute Leistungen bringen können. Frauen hingegen wird ein eher ganz-

---

[75] Vgl. Hamer, D.; Copeland, P. (1998), S. 133 ff.
[76] Bischof-Köhler, D. (2002), S. 118.
[77] Vgl. Schanz, G. (1998), S. 92; vgl. Bischof-Köhler, D. (2002), S. 240; vgl. Rauch, J. (2004), S. 70; vgl. Dummer-Smoch, L. (1991), S. 65.
[78] Vgl. Bischof-Köhler, D. (2002), S. 240.

heitliches Denken und daraus resultierende Möglichkeiten bescheinigt. Wissenschaftlich bestätigt ist diese Fähigkeit dadurch, dass das weibliche im Gegensatz zum männlichen Gehirn einfacher zwischen den beiden Hemisphären hin- und herschalten kann. Für *Schanz* liegt die Vermutung nahe, dass Frauen durch diese Dispositionen eine ganzheitliche Situationsbeurteilung vornehmen können, dabei Emotionen aufspüren und in die Reaktion einfließen lassen.[79]

Eine Besonderheit des weiblichen Gehirns besteht nach *Preuss* darin, dass andere Bereiche auch Aufgaben übernehmen können, für die sie eigentlich nicht vorgesehen sind.[80] Als vorteilhaft erweist sich dieses dann, wenn bspw. irreparable Verletzungen am Gehirn auftreten. Durch die Fähigkeiten bestimmter Gehirnregionen Funktionen zu übernehmen, bzw. die Bilateralisierung des weiblichen Gehirns treten Sprach- und Hörstörungen bei Frauen weit weniger häufig auf als bei Männern.[81]

Eine weitere Ursache für eine unterschiedlich starke Ausprägung bestimmter Fähigkeiten liegt im Hormon Testosteron. Nach Auffassung des Neurologen *Norman Geschwind*, welche durch neueste Forschungsergebnisse gestützt wird, ist dieses Hormon für die Wachstumsgeschwindigkeit der zwei Hemisphären bei ungeborenen Kindern verantwortlich. Ein höherer Testosteronspiegel führt dazu, dass die rechte Gehirnhälfte schneller wächst als die linke. Diese Erkenntnis stützt wiederum bestimmte nachgewiesene Fähigkeitsunterschiede der Geschlechter.[82]

Die Tatsache, dass nicht nur die Sozialisation eine Rolle bei geschlechtsspezifischem Verhalten spielt, hat sich auch schon zum Teil bei Führungskräften durchgesetzt. So geht bereits ein Drittel der interviewten Führungskräfte bei *Goos* und *Hansen* davon aus, dass ih-

---

[79] Vgl. Schanz, G. (1998), S. 107 f.
[80] Vgl. Witelson, S. (1979) nach Preuss, E. (1986), S. 83.
[81] Vgl. Schenk, H. (1979) nach Preuss, E. (1986), S. 83; vgl. Schanz, G. (1998), S. 108.
[82] Vgl. Rauch, J. (2004), S. 70 f.; vgl. Geschwind, N.; Behan, P. (1982) nach Dummer-Smoch, L. (1991), S. 67.

nen ihre Führungsfähigkeiten durch Gene und Vererbung[83] *in die Wiege gelegt wurden.*[84]

3.2.2 Ausprägung

Die biologischen Aspekte eines geschlechtsspezifischen Verhaltens wurden im vorangegangenen Abschnitt dargestellt. Im Folgenden werden Ausprägungen dieser Unterschiede aufgezeigt.

Die Neurophysiologie verweist darauf, dass die Ausprägung bestimmter Gehirnregionen bei Frauen und Männern unterschiedlich stark ist. Frauen werden in diesem Zusammenhang im Durchschnitt stärkere verbale Fähigkeiten zugesprochen.[85] Diese äußern sich darin, dass Frauen besser buchstabieren und grammatikalisch einwandfreier auch längere Sätze bilden können. Ebenso haben Frauen ein redegewandteres Auftreten. Sie besitzen eine bessere gedankliche Beweglichkeit, um z.B. Gegenstände derselben Farbe oder Wörter mit demselben Anfangsbuchstaben aufzuzählen. Frauen können zusammenpassende Objekte schneller erkennen und zuordnen und sie verstehen verbal dargestellte diffizile Texte und Wortlaute leichter.[86] Des Weiteren wird durch Untersuchungen belegt, dass Frauen „im Allgemeinen […] eine höhere Wahrnehmungsgeschwindigkeit haben, Rechenaufgaben schneller lösen, manuelle Präzisionsaufgaben besser erledigen und bessere Gedächtnisleistungen erbringen […]."[87]

Die sprachlichen Begabungen nutzen Frauen auch in der Berufswelt, um wichtige geschäftliche Beziehungen sowohl innerhalb als auch außerhalb des Unternehmens aufzubauen und zu pflegen.[88] Dies wird besonders auch durch eine, als soziale Intelligenz be-

---

[83] Vgl. Goos, G.; Hansen, K. (1999), S. 197.
[84] Eigene Hervorhebung.
[85] Vgl. Rauch, J. (2004), S. 69; vgl. Bischof-Köhler, D. (2002), S. 234; vgl. Tillmann, K.-J. (2003), S. 44; vgl. Preuss, E. (1986), S. 88.
[86] Vgl. Bischof-Köhler, D. (2002), S. 238 f.
[87] Kimura, D. (1992) nach Wunderer, R.; Dick, P. (1997), S. 13.
[88] Vgl. Dobner, E. (1997), S. 20.

zeichnete Fähigkeit begünstigt. Sie ist bei Frauen stärker ausgeprägt und ermöglicht ihnen nonverbale Botschaften zu erkennen.[89]

Männern hingegen wird quantitativ-mathematisches und analytisches Denken aber auch eine höhere räumlich-visuelle Perzeption[90] zugesprochen.[91] Dadurch besitzen sie einen besseren Orientierungssinn und schneiden bei zielgerichteten motorischen Fähigkeiten durchschnittlich besser ab.[92]

3.3 Kritische Bewertung

Zwei Determinanten des Verhaltens lassen sich zu diesem Zeitpunkt ausmachen - Sozialisation und Biologie.

Beide wurden eingehend beschrieben und mit ihren Auswirkungen auf das geschlechtsspezifische Verhalten kurz aufgezeigt.

Je nach Stand der Wissenschaft wurde der eine oder andere Aspekt in der Vergangenheit als besonders wichtig hervorgehoben. Wie ein Pendel schwang die Vermutung einmal stärker in Richtung Sozialisation, dann wiederum in Richtung Biologie.

Im Moment zeigt sich ein ausgeprägtes Interesse an biologischen Erklärungsansätzen. Doch im Gegensatz zur Vergangenheit, in der sich beide Aspekte je nach Aktualität ausschlossen und diametral gegenüberstanden, wird die nebeneinander bestehende Existenz von Biologie und Sozialisation heute forciert. Denn inzwischen ist die Wissenschaft um soziologische und biologische Erklärungsansätze an dem Punkt angelangt, an dem sie feststellt, dass es eine „Verflechtung und gegenseitige Beeinflussung biologischer Anlagen und sozialisationsbedingter Einflüsse"[93] gibt.

---

[89] Vgl. u.a. Howard, A.; Bray, D. W. (1988) nach Wunderer, R.; Dick, P. (1997), S. 13

[90] Perzeption: „Wahrnehmung von Reizen, die durch die Sinneszellen oder Sinnesorgane aufgenommen wurden." Meyers Großes Taschenlexikon (1995), S. 43 f.

[91] Vgl. Bischof-Köhler, D. (2002), S. 234; vgl. Tillmann, K.-J. (2003), S. 44; vgl. Preuss, E. (1986), S. 85.

[92] Vgl. Kimura, D. (1992) nach Wunderer, R., Dick, P. (1997), S. 13.

[93] Preuss, E. (1986), S. 69.

Diese Einsicht ermutigt zu einer gemeinsamen Forschung. Denn schaut man sich die Ausprägungen der Sozialisation genauer an, könnte vermutet werden, dass vielleicht einige Aspekte gar nicht sozialisationsbedingt geprägt, sondern bereits biologisch vorbedingt sind.

Der Aspekt, dass Mädchen und Frauen durch Erziehung und damit Sozialisation zurückhaltender und ruhiger als Jungen bzw. Männer seien, könnte so z.B. auch durch genetische Veranlagung begünstigt sein, die ein weniger aggressives und dominantes Verhalten bei Frauen aus evolutionstechnischer Sicht bevorzugt. D.h. im Endeffekt, dass „biologisch vorgegebene Geschlechtsfunktionen […] kulturell als Rolle bestätigt oder überformt sein"[94] könnten und wiederum eine Verzahnung biologischer und sozialisationsgeprägter Faktoren vorliegt.

Kritisch ist zum Schluss anzumerken, dass aber auf keinen Fall sowohl Sozialisation als auch Biologie als unveränderbare Tatsache angeführt werden dürfen, um sich einem individuellen Veränderungsprozess zu entziehen. Biologie erscheint im ersten Moment als wenig veränderbarer Tatbestand. Und Aussagen, wie *das liegt in den Genen*[95] dürfen nicht als Ausreden für Stereotypisierung von Geschlechtern und das fehlende Interesse zur Veränderung gelten.

Auch und besonders durch die Sozialisation können Ansatzpunkte für ein geändertes Verhalten gegeben sein. Vorgelebte Eindrücke, auch geschlechtsspezifische, hinterlassen bei Kindern Spuren. Deshalb ist die Gesellschaft dazu angehalten ihre eigenen Vorstellungen von Frauen und Männern möglicherweise zu überdenken, um von einem frühen Zeitpunkt an Frauen eine Chancengleichheit in einer doch noch sehr männlich geprägten Umwelt zu verschaffen.

Die Forschung liefert dazu ihren Beitrag. So werden Erkenntnisse über Geschlechtsunterschiede nicht mehr zur Deformierung des einen oder anderen Geschlechts angeführt. Die Andersartigkeit wird wertneutral behandelt bzw. als positiv aufgefasst, zeigt sie doch die Individualität nicht nur zwischen Mann und Frau, sondern zwischen allen Menschen.

---

94 Wickler, W.; Seibt, U. (1990), S. 150.
95 Eigene Hervorhebung.

4 Managerinnen und geschlechtsspezifische Führung

Nachdem nun erörtert wurde, welche Aspekte zu unterschiedlichem Verhalten bei Frauen und Männern führen können, soll nun untersucht werden, ob Frauen bei der Mitarbeiterführung einem spezifischen Führungsverhalten nachkommen.

Zunächst steht das Führungsverhalten der Frauen zwischen ca. 1960 und 1985 im Mittelpunkt der Aufmerksamkeit. Wie handelten und verhielten sich diese Managerinnen in einer Zeit, in der nahezu ausschließlich Männer in den Chefetagen saßen und deren Eigenschaften als typisch für Managerverhalten galten.

Eine mögliche Ursache für einen verstärkten Ruf nach weiblichen Führungskräften in den Managementetagen, nämlich der einsetzende Wertewandel in der Gesellschaft, wird danach offen gelegt. Denn durch diesen rückten andere führungsrelevante Eigenschaften und Verhaltensweisen als die bisherigen in das Interesse von Unternehmen und Mitarbeitern. Sie gelten für Führungsfrauen und -männer damals wie heute gleichermaßen. Aus biologischen und sozialisationsbedingten Gesichtspunkten besteht die Vermutung, dass Frauen bestimmte Dispositionen besitzen, die sie in dieser neuen Führung begünstigen.

Die Analyse von Datenmaterial aus Untersuchungen und Erfahrungsberichten klärt in einem nächsten Schritt, ob die Managerinnen von heute gegenüber ihren Mitarbeitern und Kollegen tatsächlich ein typisch weibliches Führungsverhalten erkennen lassen. Hierbei zeigt sich die Vielfalt der wissenschaftlich belegten und populärwissenschaftlich gefärbten Veröffentlichungen, die als Informationsquellen dieses Kapitels dienen.

Im letzten Themenabschnitt wird erörtert, inwiefern die Merkmale des weiblichen Führungsverhaltens ursächlich dafür sind, dass Managerinnen speziell im Top Management eine Minderheit darstellen.

4.1 Frauen im traditionellen Management

Das Augenmerk richtet sich zunächst auf traditionelle Managereigenschaften und die Ursache eines männerdominierten Managements. Diese Gegebenheiten beeinflussten das Verhalten der wenigen Führungsfrauen in der Zeit zwischen 1960 und 1985.

4.1.1 Traditionelles Management

Das Fundament des männerdominierten Managements dieser Zeit wies hauptsächlich hierarchische und autoritäre Strukturen mit auf Befehlen und Kontrolle ausgelegten Systemen auf.[96]

Die traditionelle Ansicht über Managereigenschaften deckte sich weitgehend mit den als typisch männlich erachteten Eigenschaften. Führungskräfte agierten aktiv, leistungsorientiert, unabhängig, entscheidungsfreudig, kontrolliert, rational, hart, stark, dominant, extrovertiert und aggressiv,[97] im Sinne von zielstrebig, offen, direkt und durchsetzungsfähig.[98]

Dass sich die Eigenschaften eines Managers mit denen eines Mannes zumeist deckten, ist in sofern nicht verwunderlich, als dass zur damaligen Zeit sehr wenige Frauen in dieser Berufssparte zu finden waren. Demzufolge wurden Männer als besser geeignet für diese Aufgabe angesehen und Führung mit Männlichkeit und folglich mit dem männlichen Geschlecht assoziiert. Dadurch schlussfolgerte die Gesellschaft, dass ausschließlich Männer dieser Tätigkeit nachgehen konnten.[99] Aus dieser Fiktion entwickelte sich das „Think manager - think male"- Phänomen.[100]

Eine Frau im Management war undenkbar. Mit den ihr zugesprochenen Eigenschaften, wie passiv, mitfühlend, entscheidungsunfähig und emotional, stellte sie das genaue Gegenteil zum Mann

---

[96] Vgl. Wachs Book, E. (2001), S. 17 f.

[97] Vgl. Stogdill, R. (1974) nach Preuss, E. (1986), S. 44; vgl. Preuss, E. (1986), S. 61; vgl. International Labour Office (2004), p. 59.

[98] Vgl. Preuss, E. (1986), S. 91.

[99] Vgl. Parkin, P. W.; Hearn, J. (1995), S. 394; vgl. International Labour Office (2004), p. 59.

[100] Vgl. Spreemann, S. (2000), S. 33; vgl. Fischer, B. (2003), S. 3.

dar.[101] Ihr fehlte nach damalig gängiger Meinung z.B. der notwendige Ergeiz und die Erfahrung, um Führungsaufgaben wahrzunehmen. Frauen sollten lediglich hilfsbereit, nett und freundlich sein.[102]

Verirrte sich doch einmal eine Frau ins Management, „Men become the barely disguised norm against which women's management potential is judged."[103]

4.1.2 Führungsfrauen im männerdominierten Management

In Folge männerdominierter Managercharakteristiken und Führungsebenen, sowie Verneinung des Vorhandenseins dieser Charaktermerkmale beim weiblichen Geschlecht, mussten jene Frauen, die Ende der 60er und zu Beginn der 70er Jahre ins Management gelangen wollten, nach Meinung vieler Autoren wie Männer agieren. D.h. Zwänge und Erwartungen der Gesellschaft und des Arbeitsumfelds veranlassten die aufstiegsambitionierten Führungsfrauen dahingehend Charaktermerkmale, Verhaltensweisen, aber auch äußeres Erscheinungsbild der Männer zu kopieren und nachzuahmen,[104] sowie sich selbst wie ihre männlichen Kollegen behandeln zu lassen,[105] um Erfolge zu erzielen. Dass diese Vorgehensweise beim Führungsverhalten und -stil Spuren hinterlässt, davon ging eine Mehrheit der befragten weiblichen Vorgesetzten bei *Preuss* aus. Sie vermuteten, dass die Mitarbeiter ihr Führungsverhalten als sehr hart, direkt, eindeutig, zugleich aber als fair beurteilten.[106]

Besonders auch das Aussehen spielte hinsichtlich der Besetzung einer Führungsposition eine große Rolle. *Friedel-Howe* bemerkte hierzu: „Die Zubilligung von Attraktivität ist bei beiden Geschlechtern eng mit ausgeprägter Geschlechtstypik verbunden: die attraktive Frau ist sehr weiblich, der attraktive Mann sehr männlich. Wird nun ein männlicher Manager als attraktiv wahrgenommen, erhöht sich - aufgrund nämlich der Kongruenz von Männer- und

---

[101] Vgl. Preuss, E. (1986), S. 44 f., S. 61, S. 293 f.; vgl. Marshall, J. (1984), p. 14; vgl. Wajcman, J. (1998), p. 55; vgl. Parkin, P. W.; Hearn, J. (1995), S. 394; vgl. Stödter, H. (1986), S. 13.

[102] Vgl. Wachs Book, E. (2001), S. 19.

[103] Marshall, J. (1984), S. 14.

[104] Vgl. Wachs Book, E. (2001), S. 17; vgl. Loden, M. (1995), S. 29; vgl. Cohen, S. S. (1990), S. 58; vgl. Miller, J. (2003); vgl. Helgesen, S. (1990), S. 9 f.

[105] Vgl. Hennig, M. (1970) nach Preuss, E. (1986), S. 294.

[106] Vgl. Preuss, E. (1986), S. 401.

Managerstereotyp - zugleich die ihm zugeschriebene Kompetenz für die Managerrolle. Bei der Frau ist es jedoch umgekehrt: Je attraktiver und damit weiblicher sie erscheint, desto weniger wird man sie tendenziell als Managerin ‚für voll nehmen'."[107] Aus diesem Grund imitierten viele weibliche Führungskräfte männliches Aussehen z.B. durch Anzug und Krawatte, kurzen männlichen Haarschnitt und fehlendes Make-up. Das wahrgenommene männliche oder weibliche Äußere wirkt speziell in beruflicher Hinsicht unterbewusst noch heute. So haben männlich wirkende Frauen mit z.B. schmalen Lippen und breiten Schultern noch heute größere Chancen bei der Vergabe einer Führungsposition als Frauen, die auf starke weibliche Signale setzen. Maskulin wirkende Frauen scheinen in den Augen von Personalverantwortlichen eher erwünschte (männliche) Führungseigenschaften wie Aggressivität, Durchsetzungsvermögen und Dominanz zu besitzen, so die Sozialwissenschaftlerin *Anke von Rennenkampff*.[108]

Interessant ist ebenfalls die Tatsache, dass nicht nur die Frauen früher aus eigenem Antrieb das männliche Idealbild eines Managers anstrebten. Ebenso gab es von Seiten der Unternehmen Bestrebungen und Aktivitäten die vereinzelten Führungsfrauen zu Führungsmännern *umzuerziehen*.[109] So befürworteten nach *Weinert* in den 70er Jahren Personalforscher und Führungskräfte aus Industrie und Wirtschaft Trainings- und Verhaltensänderungsprogramme, die dazu dienten weibliches Verhalten auszumerzen und dem Führungsverhalten männlicher Führungskräfte anzugleichen.[110]

Dabei vermutete aber nicht nur das Geschlechtspendant eine Minderleistung weiblicher Führungskräfte. Auch die meisten Frauen sprachen Managerinnen Führungsqualitäten ab.[111]

So glaubten bspw. 27% der männlichen und lediglich 13% der weiblichen Österreicher Mitte der 70er Jahre daran, dass eine Frau mit gleicher Ausbildung wie ein Mann, Managementaufgaben kompetent übernehmen könnte. Die meisten Interviewten, oft ohne

---

[107] Friedel-Howe, H. (1990), S. 29 f.; vgl. Spreemann, S. (2000), S. 50 f.
[108] Vgl. Lohrer Echo (2004), Aus aller Welt; vgl. Spreemann, S. (2000), S. 45.
[109] Eigene Hervorhebung.
[110] Vgl. Weinert, A. B. (1990), S. 43.
[111] Vgl. Benard, Ch.; Schlaffer, E. (1999), S. 7.

Erfahrung mit weiblichen Führungskräften, konnten sich nicht vorstellen, dass diese über führungsrelevante Selbstständigkeit, Sachlichkeit und notwendigen Unternehmergeist verfügten. Sie erwarteten hingegen, dass weibliche Vorgesetzte launenhaft, ungerecht und intrigant seien. Aus diesem Grund lehnten es 57% der männlichen und 48% der weiblichen Mitarbeiter ab, eine Frau als Vorgesetzte zu haben.[112]

So hatten weibliche Manager bei der Erreichung einer Führungstätigkeit nicht nur gegen das traditionelle Rollenverständnis über Frauen und Männer[113] zu kämpfen, sondern sie mussten sich auch noch gegen Vorurteile zur Wehr setzen.[114]

Preuss bemängelt, dass möglicherweise durch die bis dato angewandte Untersuchungsmethodik, die meisten Analysen zum geschlechtsspezifischen Führungsverhalten und -stil aus diesen Jahren keine maßgeblichen Differenzen ableiten konnten.[115]

Denn im Gegensatz zu den meisten anderen Studien, diagnostizierte eine im Jahr 1960 platzierte Verhaltensanalyse, bei der die Beobachtung analoger und überlappender Führungstätigkeiten weiblicher und männlicher Manager im Mittelpunkt stand, abweichendes Handeln. Weibliche Vorgesetzte favorisierten ein informelles Vorgehen. Sie erarbeiteten Lösungsvorschläge in größerem Umfang durch Dialoge im Team und bezogen ein weiteres Spektrum an Meinungen mit ein, als ihre männlichen Kollegen dies taten. Diese bevorzugten einen formalen, bürokratischen Führungsstil. Zur Problemlösung favorisierten sie anstelle der Teammeinung einen Spezialisten.[116]

Auch *Marshall* deutet, bedingt durch ihre Nachforschungen an, „that women are very similar to men in their leadership style."[117]

Dies stellt auch *Boulgarides* in der Veröffentlichung von *Parkin* und *Hearn* fest. Er verweist auf eine Studie in Kalifornien, bei der

---

[112] Vgl. Bandhauer-Schöffmann, I. (2000), S. 122.
[113] Vgl. Stödter, H. (1986), S. 13; vgl. International Labour Office (2004), p. 59.
[114] Vgl. Bischoff, S. (1986), S. 60.
[115] Vgl. Preuss, E. (1986), S. 393.
[116] Vgl. Fogarty, M. P. et al. (1971) nach Preuss, E. (1986), S. 393.
[117] Marshall, J. (1984), S. 15; vgl. Bischoff, S. (1986), S. 1 f.

weder Unterschiede in der Entscheidungsfindung, noch in der Werthaltung der Managerinnen und Manager gefunden werden konnten.[118]

Hingegen stellten *Jago* und *Vroom* in einer Studie aus dem Jahr 1980 geschlechtsspezifische Unterschiede fest. Das Ergebnis zeigte, dass Frauen einem stärker partizipativ ausgerichteten Führungsstil nachgingen als die untersuchten Männer.[119]

Der Stil könnte sich möglicherweise an jene von *Preuss* gefundenen Merkmale des Führungsverhaltens der Schweizer Managerinnen anlehnen. Diese stellten die Teamarbeit in den Vordergrund. Ebenso argumentierten die Managerinnen, dass sie ihre Mitarbeiter z.B. durch Übertragung von Verantwortung und Wertschätzung der geleisteten Arbeit motivierten.[120]

Banfield befragte 1976 in Zusammenhang mit einer Dissertation 27 Frauen aus dem Mittleren Management zu ihren Lebensumständen, Erfahrung und Aktivitäten im beruflichen Umfeld.[121]

Dabei wurden die weiblichen Führungskräfte auch speziell nach ihrem Führungsstil befragt. Fast zwei Drittel der interviewten Frauen beschrieben ihren Führungsstil als „team approach, characterized by staff involvement, participatory management, open communication, compromise, brainstorming, utilizing resources of people around them."[122]

Tabelle 5 zeigt die Nennungen von Führungsstilmerkmalen der weiblichen Vorgesetzten.

---

[118] Vgl. Boulgarides, J. D. (1984) nach Parkin, P. W.; Hearn, J. (1995), S. 396.
[119] Vgl. Jago, A. G.; Vroom, V. H. (1980) nach Parkin, P. W.; Hearn, J. (1995), S. 396.
[120] Vgl. Preuss, E. (1986), S. 398 f.
[121] Vgl. Banfield, E. E. (1976), p. 42.
[122] Banfield, E. E. (1976), p. 69.

Tabelle 5: Merkmale des Führungsstils nach Meinung der Managerinnen[123]

Description	Number of responses
Team approach	17
Delegate responsibility	8
Maintain high standards	8
Goal directed	7
Gentle approach	7
Supportive of staff	7
Humanistic	6
Democratic	6
Authoritative	5
Lead rather than drive	3
Surround self with competent staff	3
Fair	3
Honest	3
Firm	2
Autocratic	2

In Verbindung mit der Befragung wurden die Führungsfrauen ebenfalls dazu interviewt, was ihrer Auffassung nach ihre Hauptstärken seien. Dabei beantworteten die Frauen diese Frage wie in Tabelle 6 ersichtlich u.a. mit folgenden Beschreibungen.[124]

---

[123] Vgl. Banfield, E. E. (1976), p. 70.
[124] Vgl. Banfield, E. E. (1976), p. 73.

Tabelle 6: Hauptstärken als Führungskraft nach Meinung der befragten Frauen[125]

Description	Number of Responses
Interpersonal skills/Human relations	19
Experience/Job knowledge	9
[...]	[...]
Insight into situations	3
Communication skills	2
Decisiveness	2
Ability to anticipate problems	2

Nachdem über 70% der Frauen Interpersonal skills und Human relations als ihre größte Stärke als Führungskraft genannt hatten, interessierte in einem nächsten Schritt, welche Merkmale zu diesem Schwerpunkt gehörten. So kristallisierte sich heraus, dass Attribute wie „relate well to people, interest in my staff, easy to get along with, openness, insight into people, sensitivity and likes people"[126] zu dieser Kategorie hinzuzählten.

Auch ist es interessant einige Antworten der Führungsfrauen zum Bereich Interpersonal skills zu lesen:

- „My staff feels comfortable, none is a yes person, because I value input and my strength is the feeling of freedom in interacting with people."

- „I am sensitive to the people who work for me and understand when they have problems."

- „My goal is to help people and make each person feel that their problems will get my full and undivided attention."

- „I bring out the best in the people I work with, I am perceptive and can work with a person and channel their strength."[127]

---

[125] Vgl. Banfield, E. E. (1976), p. 73.
[126] Vgl. Banfield, E. E. (1976), pp. 73.
[127] Banfield, E. E. (1976), p. 74.

Nach den Ergebnissen von *Banfield* könnte geschlossen werden, dass die weiblichen Führungskräfte auch zu Zeiten eines männerdominierten Managements in ihre Führung partizipative, team- und beziehungsorientierte Züge einfließen ließen. Allerdings ist kritisch anzumerken, dass die Befragung von 27 weiblichen Führungskräften eine sehr kleine Datenbasis ergibt und mit großer Wahrscheinlichkeit keine repräsentative Aussage möglich macht.

4.1.3 Folgerung

Da das Management zwischen 1960 und 1985 stark von Männern frequentiert war, kann bei dem Standpunkt *Frauen führen in gleicher Weise wie Männer*[128] vermutet werden, dass sich Frauen bei Führungstätigkeiten ähnlich ihrem männlichen Pendant verhielten. D.h. sie müssen vom gesellschaftlichen Stereotyp Frau abgewichen sein, und sich stärker an männlichen Verhaltensweisen orientiert haben.

Bei der Behauptung es seien *Unterschiede zwischen weiblichem und männlichem Führungsverhalten*[129] festzustellen, besteht die Möglichkeit, dass Differenzen darauf zurückzuführen waren, dass Frauen zu Beginn ihrer Managertätigkeit sehr wohl männliches Verhalten in ihr eigenes eingliederten. Jedoch erlangten sie mit den Jahren ihrer Tätigkeit Ansehen, wurden ungezwungener und entwickelten ihre eigene Art der Führung.[130]

Diese leichten Unterschiede in der Führung schienen ohne negative Folgen für die Mitarbeiterleistung zu bleiben. Dadurch geriet eine Frage immer mehr in den Vordergrund: Könnte nicht ein weiblicher Führungsstil, sollte es ihn geben, für eine optimale Leistung und eine angenehme Arbeitsatmosphäre unverzichtbar sein?[131]

4.2 Weibliche Führungskräfte im Modernen Management

In Anlehnung an diese Frage, bildete sich besonders ein Aspekt heraus, der dazu führte, dass Frauen als Managerinnen in den Mittelpunkt des Interesses rückten. Führungsfrauen und deren Mitar-

---

[128] Eigene Hervorhebung.
[129] Eigene Hervorhebung.
[130] Vgl. Hennig, M.; Jardim, A. (1977), p. 147.
[131] Vgl. Preuss, E. (1986), S. 394.

beiterführung wurden daraufhin Thema in vielen Veröffentlichungen.

4.2.1 Ursache der Fokussierung auf weibliche Führungskräfte

Nach Meinung *Rosenstiels* setzte zu Beginn der 60er Jahre[132] u.a. verstärkt in Deutschland ein Wandel der Werte ein, der sich bis Mitte der 70er Jahre vollzog. Besonders auch im Bereich Beruf und Arbeit verursachte dieser Wertewandel drastische Konsequenzen für die Führung. Die Arbeit an sich wurde nicht mehr als die Pflicht des Lebens gesehen für die Werte wie Fleiß, Disziplin, Gehorsam, Treue, Einordnung und Anpassungsbereitschaft zählten.[133] Am Arbeitsplatz wiesen Arbeitnehmer zu starre Bindung, Unterordnung und Verpflichtung zurück. Dagegen forderten sie vermehrt Eigenverantwortung und selbst bestimmtes Handeln ohne permanente Rückkopplung und -meldung über die Aufgabenfortschritte mit ihrem Chef. Sie hatten den Wunsch nach Selbstverwirklichung in ihrem beruflichen Tätigkeitsgebiet.[134] Gegenüber ihren Vorgesetzten agierten die Mitarbeiter selbstbewusster[135] und verlangten nach Führung und Zusammenarbeit mit Partizipation, Autonomie, Selbstständigkeit und Sinnerfüllung,[136] nach „Arbeit ohne Demütigung",[137] die das Individuum und seine Würde akzeptiert.

Die neue Wertorientierung der Arbeitnehmer verlangte auch von den Führungskräften sich mit veränderten Führungseigenschaften auf gewandelte Führungsbedingungen einzulassen und ihre obsolete Führungsweise neu zu überdenken. Von ihnen wurden Merkmale wie Persönlichkeit, Überzeugungsstärke, Durchsetzungsvermögen, Motivationskraft, gesunder Menschenverstand und Selbstdisziplin erwartet. Mitarbeiter waren nicht länger Untergebe-

---

[132] Vgl. neben Rosenstiel, L. v. (1995), S. 2179 auch vgl. Wiendieck, G. (1990) nach Jung, H. (2004), S. 973.

[133] Vgl. Rückle, H. (1992) nach Jung, H. (2004), S. 973; vgl. Klages, H. (1991) nach Jung, H. (2003), S. 825.

[134] Vgl. Rosenstiel, L. v. (1995), S. 2178 f.; vgl. Zander, E. (2004), S. 36; vgl. Rahn, H.-J. (2002), S. 428.

[135] Vgl. Zander, E. (2004), S. 36.

[136] Vgl. Jung, H. (2004), S. 973.

[137] Then, W. (1985) nach Thierfelder, R. H. (2001), S. 134.

ne, die sich durch formale Autorität führen ließen,[138] und für Führungskräfte reichte bloßes Fachwissen nicht mehr aus.

Auch *Goos* und *Hansen* filterten einige dieser Führungseigenschaften und -fähigkeiten in ihren Analysen heraus. Sie werden sowohl von weiblichen als auch von männlichen Führungskräften bis in die heutige Zeit erwartet. Anhand einer Antwortskala von *völlig wichtig, eher wichtig, weder noch* bis *völlig unwichtig*[139] ergab sich nach der Befragung von Personalverantwortlichen folgende Rangfolge, beginnend mit der wichtigsten Fähigkeit für die Übernahme einer Führungsposition in den befragten Unternehmen. Die Prozentzahl verdeutlicht die Einstufung in den Bereich *völlig wichtig* bzw. *eher wichtig.*

---

[138] Vgl. Zander, E. (2004), S. 36.
[139] Eigene Hervorhebung.

Tabelle 7: Ausprägung der Antwortmöglichkeiten völlig wichtig bzw. eher wichtig für bestimmte führungsrelevante Fähigkeiten und Eigenschaften140

Führungsfähigkeit/Führungseigenschaft	Ausprägung völlig wichtig bzw. eher wichtig
Motivationsfähigkeit:	
Fähigkeit, Mitarbeiter für Arbeit zu begeistern	74% bzw. 25%
Kommunikationsfähigkeit:	
Fähigkeit, sich verständlich und überzeugend auszudrücken, anderen zuzuhören und verständnisvoll zu sein	66% bzw. 28%
Umstellungsfähigkeit:	
Fähigkeit, sich schnell auf neue Arbeitssituationen einzustellen und Lösungswege zu finden	59% bzw. 33%
Kooperationsfähigkeit:	
Fähigkeit der Zusammenarbeit mit anderen und gemeinsame Problemlösung	63% bzw. 28%
Zielstrebigkeit:	
Fähigkeit, Arbeitsleistung an Zielen und Ergebnissen auszurichten	49% bzw. 39%
Durchsetzungsvermögen:	
Fähigkeit, trotz Widerständen zum Ziel zu gelangen	43% bzw. 38%
Frustrationstoleranz:	
Fähigkeit, Rückschläge im Beruf zu verkraften	42% bzw. 35%
Ethisches Bewusstsein:	
Verantwortungsbewusstes Handeln	41% bzw. 33%

---

[140] Vgl. Goos, G.; Hansen, K. (1999), S. 113; vgl. Goos, G.; Hansen, K. (2000), S. 33 f.

Des Weiteren führte der Wertewandel auch zu neuen Führungskonzepten. Delegation von Aufgaben, Partizipation an Entscheidungsprozessen, Projektgruppen ohne Hierarchiegefüge unterstützten die Vorstellung einer neuen mitarbeiterbezogenen Führung. Ebenso die Weiterentwicklung des einzelnen Arbeitnehmers durch Maßnahmen des Vorgesetzten fügte sich hier ein.[141]

Der Wertewandel brachte ebenfalls mit sich, dass gesellschaftlich gesehen, eine stärkere Fokussierung auf weibliche Lebensweisen, wie Hedonismus, Toleranz und Emotionalität und eine Abwendung von männlich geprägten Lebensvorstellungen, wie Machtstreben, Aggression, Konkurrenz und Leistungsideologie erfolgte.[142]

Das hatte auch zur Folge, dass sich die Meinung über weibliche Manager und Unternehmerinnen im Lauf der Jahre änderte.[143]

Eine wichtige Rolle spielte dabei auch die geschlechtsvergleichende Führungsforschung. Diese verwies auf eine Andersartigkeit in der Art und Weise der Führung durch Frauen und Männer. Gleichzeitig bekräftigte sie aber die Tatsache, dass die Geschlechter eine gleichwertige Leistung in der Führung erbringen.[144]

Zwischenmenschliche Fähigkeiten gewannen in der Personalführung auch durch den Wertewandel immer mehr an Bedeutung. Frauen schienen diese zukunftsträchtigen Fertigkeiten, wie Integrität, Sorgfalt, Kooperation und Aufrichtigkeit,[145] bereits durch ihre natürliche und sozialisationsgeprägte Dispositionen zu besitzen. Dadurch entwickelte sich die Annahme, dass Frauen unbedingt in Führungspositionen mussten, um ihr Potenzial ausnutzen zu können. Männern fehlte es an diesen Fähigkeiten. Bei ihnen, so wiederum die Auffassung, könnten nur langwierige Seminare Abhilfe schaffen und sie in die Geheimnisse dieser Fähigkeiten einweihen.[146]

Im Endeffekt sollen Frauen bedingt durch die neue Wertorientierung nicht nur fachliche, sondern auch soziale Kompetenzen in

---

[141] Vgl. Rosenstiel, L. v. (1995), S. 2187.
[142] Vgl. Neuberger, O. (2002), S. 778.
[143] Vgl. Bandhauer-Schöffmann, I. (2000), S. 123.
[144] Vgl. Eltaewa, A. et al. (2002), S. 38.
[145] Vgl. International Labour Office (2004), p. 59.
[146] Vgl. Marshall, J. (1984), S. 16 f.

die Arbeitswelt bringen.[147] Als „Innovationspotential Frau"[148] wurden große Hoffnungen in eben diese gesetzt, und „verallgemeinert und pauschale Erwartungen darüber entwickelt [...], wie Frauen führen (sollen): nämlich *anders als die Männer*."[149]

4.2.2 Beschreibung der Führung weiblicher Vorgesetzter in der Literatur

Zum Thema *Frauen und Führung*[150] hält die Literatur umfangreiches Material bereit.

Wie bereits in Kapitel 3 festgestellt, gibt es zwischen Frauen und Männern eine Vielzahl von biologischen und sozialisationstechnisch verursachten Persönlichkeitsunterschieden. Diese werden bei Veröffentlichungen zum Thema *Frauen und Führung*[151] meist aufgegriffen, um die Untersuchung eines möglichen geschlechtsspezifischen Führungsstils oder eines unterschiedlichen Managementverhaltens von weiblichen und männlichen Vorgesetzten zu rechtfertigen. Dabei sind diese Publikationen zum Teil durch wissenschaftlich fundamentierte Erhebungen repräsentativ, zum Teil handelt es sich um persönliche, nicht repräsentative Meinungen. Im Folgenden werden einige dieser Veröffentlichungen aufgegriffen und dargestellt.

Nach Meinung *Jungs* führen Frauen und Männer in unterschiedlicher Weise. Die Art der Führung zerfällt bei ihm in zwei geschlechtsspezifische Teile. Männer führen seiner Ansicht nach transaktional. Dabei besteht der Kern der männlichen Führung aus vielen einzelnen Transaktionen mit den Mitarbeitern. Für weibliche Führungskräfte gilt laut *Jung* eine transformationelle Führung. Die Managerin ermöglicht ihren Teammitgliedern persönliche Interessen in die zu erledigende Aufgabe mit einfließen zu lassen.[152] *Jung*

---

[147] Vgl. Neujahr-Schwachulla, G.; Bauer, S. (1995), S. 15.
[148] Spieß, G. (2000), S. 48.
[149] Spieß, G. (2000), S. 48.
[150] Eigene Hervorhebung.
[151] Eigene Hervorhebung.
[152] Vgl. Jung, H. (2003), S. 864 f.

verdeutlicht dabei den von *Rosener* erdachten interaktiven Führungsstil. Dieser entspricht folgenden Merkmalen:[153]

- Die Managerin fordert ihre Mitarbeiter zur Partizipation auf.
- Kommunikation ist eines ihrer wichtigsten Werkzeuge bei der Führung ihrer Teammitglieder. Ebenso die Weitergabe von Informationen und die Verteilung von Machtbereichen.
- Die Teammitglieder erhalten Mitspracherechte für die Erfüllung der Aufgaben. Dadurch erhalten diese das Gefühl wichtig und verantwortlich zu sein.
- Die Stärkung des Selbstbewusstseins der Mitarbeiter und des Interesses an der Aufgabe zählt die Managerin zu ihren Führungsaufgaben.
- Durch ihre Teamorientierung stärkt sie die Gruppenidentität.
- Als gute Führungskraft gibt sie ihren Teammitgliedern Herausforderungen, Ziele und Feedback.[154]

Auch *Dobner* geht davon aus, dass weibliche Führungskräfte andere Methoden im Umgang mit Mitarbeitern und Vorgesetzten anwenden, als ihre männlichen Kollegen. Ihre Auffassung ist es, dass Frauen während der Sozialisationsphase lernten die Wünsche der Menschen in ihrem Umfeld zu erkennen. Aus diesem Grund ist ihre Wahrnehmung sehr ausgeprägt, wenn es darum geht herauszufinden, was anderen Menschen wichtig ist.[155] Bedeutsam ist hierbei auch die Fähigkeit von Frauen, Beziehungsgeflechte zwischen Menschen aufzubauen und zwischenmenschliche Beziehungen zu pflegen. Frauen können Faktoren besser wahrnehmen, welche sich auf die Beziehungen innerhalb der Gruppe auswirken. Durch ihre Fähigkeit eine offene Kommunikation herzustellen, fällt es weiblichen Führungskräften meist leichter sich in Probleme, Bedürfnisse, Situation und Lebensumstände eines anderen Menschen hineinzufühlen

---

[153] Vgl. Rosener, J. B. (1991) nach Jung, H. (2003), S. 865; vgl. Krell, G. (2004), S. 382 f.
[154] Vgl. Jung, H. (2003), S. 865.
[155] Vgl. Dobner, E. (2001), S. 65 f.

und diesen dadurch besser zu verstehen. Sie können aber auch Fähigkeiten der Teammitglieder besser ableiten und analysieren.[156]

Frauen werden durch die Wissenschaft ausgereiftere verbale Fähigkeiten als Männern bestätigt.[157] Dies bedeutet aber nicht nur, dass sie als Vorgesetzte gut und effektiv kommunizieren können, sondern auch, dass sie die Fähigkeit besitzen, aktiv und bewusst zu zuhören.[158] So gelten auch die Signale der Körpersprache, also nonverbale Signale, als Domäne der Frauen. Sie können diese sowohl gut interpretieren als auch einsetzen. Dadurch signalisieren sie ihrem Gesprächspartner bewusst und unbewusst Interesse an seiner Person und seinen Problemen.[159]

Dadurch entsteht eine vertrauensvolle und verlässliche Atmosphäre. Tatsache ist nach *Dobner*, dass sich die Arbeitsatmosphäre auf die Arbeitsleistung der Mitarbeiter auswirkt. Die Kommunikation ist dabei zu 90% an einer Verbesserung des Betriebsklimas beteiligt.[160] Die bessere Fähigkeit zur Kommunikation wird ebenfalls durch den Aspekt gestützt, dass Frauen im Allgemeinen stärker beziehungs- bzw. teamorientiert agieren. Führungsfrauen verstehen sich als ein Teil eines komplexen Gefüges. Männer sehen sich in Führungspositionen hingegen eher als Einzelkämpfer und ihre Arbeitsweise entspricht nach Einschätzung von Experten mehr der Ziel- als der Beziehungsorientierung.[161]

Neben den bereits beschriebenen weiblichen Dispositionen, wie Teamfähigkeit und hohe Kommunikationsbereitschaft, gelten auch Einfühlungsvermögen, Integrationskraft und die Begabung zu pragmatischem Handeln als festgestellte und beruflich erwünschte Eigenschaften bei Managerinnen.[162]

Ebenso ist z.B. für die Leitung eines Teams eine gewisse persönliche Authentizität wichtig. Weibliche Vorgesetzte bringen dazu meist ihre Persönlichkeit mit ein. Ihre Führung spiegelt oft ihr na-

---

[156] Vgl. Dobner, E. (2001), S. 39.
[157] Siehe Kapitel 3.2.
[158] Vgl. Loden, M. (1995), S. 143.
[159] Vgl. Loden, M. (1995), S. 143; vgl. Dobner, E. (2001), S. 79; vgl. Stern TV (2004).
[160] Vgl. Dobner, E. (2001), S. 79.
[161] Vgl. Grabitz, I. (2003), S. 237.
[162] Vgl. Neujahr-Schwachulla, G.; Bauer, S. (1995), S. 15.

türliches Verhalten wider. Dadurch können sie sich leicht mit ihrer Aufgabe identifizieren und vermitteln ihren Teammitgliedern Glaubwürdigkeit, wodurch eine hohe Akzeptanz der Führungskraft und ihres Verhaltens erreicht wird.[163]

Diese Authentizität begrüßt auch die ehemalige Bundestagspräsidentin *Rita Süssmuth*. Sie bescheinigt weiblichen Führungskräften Fähigkeiten, die ihres Erachtens nach für die heutige Berufswelt unerlässlich sind. Managerinnen besitzen neben den bereits oben genannten Fähigkeiten eine hohe Flexibilität im Denken, Kreativität, eine geringere Bindung an vorgegebene Systeme, hohes Improvisationstalent, Denken in alternativen Lösungen und eine „geringere Gefährdung, in Ideologien zu erstarren, nach denen nur eine Wahrheit die richtige"[164] ist.

Viel Beachtung in der Literatur[165] fand die Veröffentlichung von *Sally Helgesen* mit dem Titel *Frauen führen anders. Helgesen* kommentiert dabei ihre Beobachtung über die Führung und Arbeitsweise weiblicher Manager. Allerdings ist bereits im Vorfeld kritisch anzumerken, dass diese Untersuchungen auf der Basis von vier beobachteten Managerinnen beruhen. Fraglich ist, ob dabei eine sachliche Aussage für die Mehrheit der weiblichen Führungskräfte getroffen werden kann.

Trotzdem soll im Folgenden ein Abriss der Beobachtungen dargestellt werden. Die Untersuchung kann nicht als repräsentativ bezeichnet werden, doch wird sie auch Parallelen zu den bereits beschriebenen Standpunkten zur Führung von Managerinnen aufzeigen.

Nach Meinung *Helgesens* agieren Frauen im Allgemeinen verantwortungsvoller und intuitiver. Sie sehen auch die, wie oben bereits erwähnt, menschliche Seite von Schwierigkeiten. Hierarchiestrukturen in Organisationen sind konträr zu ihrem Netzwerkdenken.[166] [167]

---

163 Vgl. Klammer, G. (2003), S. 132; vgl. Loden, M. (1995), S. 144.
164 Süssmuth, R. (1998), S. 15.
165 siehe u.a. Spieß, G. (2000), S. 55 f.
166 Vgl. Helgesen, S. (1990), S. 21.

Ausgangspunkt der Untersuchungen durch *Helgesen* waren die Analysen von *Henry Mintzberg*. Dieser hatte fünf Manager im Jahr 1968[168] in ihrem täglichen Ablauf beobachtet und alle Aktivitäten genauestens festgehalten. Daraus ergaben sich die *Terminkalender-Studien*.[169] Die Beobachtungen ließen darauf schließen, dass es den Männern meist verstärkt um das erreichte Ziel ging. Weniger Interesse zeigten sie für die Tätigkeiten, welche für die Erreichung der Aufgaben notwendig waren.[170]

Ähnlich wie *Mintzberg* führte nun auch *Helgesen* Studien mit vier Frauen durch, die in unterschiedlichsten beruflichen Tätigkeitsbereichen Führungsaufgaben übernahmen. Die Ergebnisse ihrer Beobachtungen lassen sich in den folgenden acht Punkten kurz darlegen:

1. Die beobachteten Managerinnen gingen ihrer Arbeit in einem gleichmäßigen Tempo nach und legten kurze, geplante Erholungsphasen ein.

2. Für die weiblichen Führungskräfte stellten unerwartete Aufgaben und Zusammentreffen mit Mitarbeitern und Kollegen keine Störung dar. Im Gegenteil. Da sie im Allgemeinen beziehungsorientiert handelten, pflegten sie auch bei unvorhergesehenen Treffen ihre Kontakte.

3. Neben der täglichen Arbeitswelt legten jene Frauen auch Wert darauf, sich Zeit für außerberufliche Tätigkeiten, wie z.B. ihre Familien, zu nehmen.

4. Die direkte Kommunikation mit Geschäftspartnern durch telefonischen oder persönlichen Kontakt empfanden sie effektiver als Schriftverkehr. Trotzdem war ihnen auch die Beantwortung der Korrespondenz wichtig.

---

[167] Anmerkung vgl. Steins, G. (2003), S. 38 f.: Bereits kleine Mädchen entwickeln ein auf Teamorientierung ausgerichtetes Netz unter ihren Spielkameradinnen in dem demokratische Entscheidungsprozesse bevorzugt werden.

[168] Anmerkung: Es kann mit großer Wahrscheinlichkeit davon ausgegangen werden, dass es sich dabei nur um Männer handelte, auch wenn er dies nicht explizit erwähnte.

[169] Vgl. Helgesen, S. (1990), S. 23 ff.

[170] Vgl. Helgesen, S. (1990), S. 30 f.

5. Das Beziehungsgeflecht der weiblichen Führungskräfte bestand sowohl aus unternehmensinternen als auch externen Ansprechpartnern.

6. Die Frauen strebten einen, bei *Helgesen* als ökologisch bezeichneten, Führungsstil an. Dies bedeutete, dass zukunftsgerichtete Handlungen und langfristige Denkweisen ihre Arbeitsweise bestimmten. *Helgesen* ging davon aus, dass Frauen im größeren Maße Aspekte, wie z.B. Auswirkungen auf Familie, Bildungssystem, Umwelt und Weltfrieden, in ihre Überlegungen miteinbezogen.

7. Ihr eigenes Wesen beschrieben die Frauen als vielschichtig und facettenreich. Der Beruf stellte für die Frauen nur einen Teilbereich ihres Lebens dar. Nach *Helgesen* schafften es die beobachteten Frauen gut in ihre jeweilige Rolle als Geschäftsfrau, Mutter etc. zu schlüpfen.

8. Da die weiblichen Führungskräfte sich als Teil eines umfassenden Netzes betrachteten, war es für sie wichtig und selbstverständlich Informationen weiterzugeben. Nach *Mintzberg* hielten die von ihm beobachteten Männer Informationen eher zurück.[171]

Zusammenfassend lassen sich nach *Spieß* die Beobachtungen von *Helgesen* zum Führungsverhalten von Managerinnen mit folgenden Kennzeichen beschreiben.

Weibliche Führungskräfte leiten ihre Mitarbeiter mit kommunikativer Kompetenz, Verantwortung, Intuition, Kreativität, Kooperationsfähigkeit und der Fähigkeit in vernetzten Zusammenhängen zu denken. Menschliche Probleme, auch private, sind den Führungsfrauen nicht fremd. Denn für sie gehören der Beruf und das Leben außerhalb des Büros in einen Kontext. Führung heißt für Managerinnen Zusammenarbeit innerhalb eines kreisförmigen Netzes. Pyramidenartige Führungsstrukturen lehnen sie eher ab. Die netzartige Struktur wird vor allem deshalb bevorzugt, da hierbei die Mitte mit jedem Punkt verbunden ist. Der Vorteil wird klar ersichtlich. Informationsfluss und -prozess werden dadurch intensiver und genauer. Dieses Vorgehen wird besonders auch durch eine partizipative Führung begünstigt, die weibliche Führungskräfte nach *Spieß*

---

[171] Vgl. Helgesen, S. (1990), S. 35 ff.

und *Helgesen* bevorzugen. Die Mitarbeiter gewinnen Selbstvertrauen und Selbstwertgefühl. Deshalb ist den Managerinnen auch der Prozess der Zielerreichung sehr wichtig. Wobei natürlich auch weibliche Vorgesetzte Wert auf eine gute Arbeit legen.[172]

Wie bereits in vorangegangenen Abschnitten festgestellt, greift auch *Loden* wiederum die Aspekte des kooperativen Führungsstils und der Teamorientierung auf. Um diese Gesichtspunkte kreist nach *Loden* das Führungsmodell der Managerinnen. Rationalität und Emotionalität vereinen jene weiblichen Führungskräfte dadurch, dass sie qualitative Ergebnisse liefern, sowie rationale und intuitive Problemlösungskompetenz besitzen. Außerdem hält *Loden* dabei eine geringe Kontrolle der Mitarbeiter, das Einfühlungsvermögen, die positive Einstellung zur Teamarbeit und der Anspruch an hohe Leistungsstandards für besonders entscheidende Merkmale der weiblichen Führung.[173]

Im anschließenden Kapitel erfolgt die Darstellung konkreter Forschungsergebnisse. Dabei wurden Personalexperten und Mitarbeiter der Führungskräfte zu ihrem Verhältnis und zu ihren Erlebnissen mit weiblichen und männlichen Vorgesetzten interviewt. Des Weiteren nahmen auch die Führungskräfte selbst zu ihrer persönlichen Einstellung gegenüber Führungsaufgaben Stellung.

4.3 Einschätzungen des beruflichen Umfeldes zum Führungsverhalten von Managerinnen

Im Folgenden werden nun Einschätzungen des Arbeitsumfeldes aufgezeigt. Dabei geben Personalfachleute, Mitarbeiter, die Führungskräfte selbst sowie Kollegen eine Beurteilung und Charakterisierung des von ihnen wahrgenommenen Führungsverhaltens von weiblichen Vorgesetzten ab.

---

[172] Vgl. Spieß, G. (2000), S. 55 f.
[173] Vgl. Loden, M. (1995), S. 70 ff.

4.3.1 Einschätzung durch Personalfachleute

Zum Thema Frauen und Management führten *Rolf Wunderer* und *Petra Dick* eine umfangreiche Studie durch. Dabei sollten potentielle geschlechtstypische Besonderheiten analysiert werden. Neben der Durchsicht der einschlägigen Literatur griffen sie auch auf empirische Erhebungen zu diesem Thema zurück. Zur Abrundung ihrer Analyse sammelten sie Daten in 13 deutschen und schweizerischen Unternehmen mit rund 700 Personen. Die Informationen beruhten auf den Meinungen und Einschätzungen der Interviewten, inwieweit Managerinnen in ihrem Denken, Verhalten, ihrer Lebens- und Arbeitssituation gegenüber Managern divergieren.[174] Kritisch ist anzumerken, dass die Ergebnisse, laut Aussage der Autoren, aus einer nicht-repräsentativen Befragung stammen.[175] Trotzdem können sie eine Tendenz aufzeigen.

Im Rahmen der Befragung von *Wunderer* und *Dick* zielte eine erste Datenerhebung auf die Einschätzungen von Personalexperten über das Führungs- und Kooperationsverhalten von Managern ab. Dabei verdeutlichten die Ergebnisse der Interviews, dass die befragten Experten unterschiedliche geschlechtsspezifische Verhaltensweisen feststellten. Insbesondere die weiblichen Personalexperten waren häufiger als ihre männlichen Kollegen der Ansicht, dass Divergenzen zwischen den Handlungsweisen der Geschlechter herrschen. Sie behaupteten, dass die Differenzen sowohl öfter, als auch stärker ausgeprägt auftraten.[176]

Große bzw. sehr große Unterschiede zwischen den Geschlechtern sahen demzufolge 40% der weiblichen, aber nur 12% der männlichen Experten. Dagegen betonen 50% der männlichen entgegen lediglich einem Fünftel der weiblichen Personalfachleute, dass es keine oder nur geringe Differenzen in Führung und Kooperation von weiblichen und männlichen Managern gäbe.[177] Siehe hierzu graphische Darstellung Nummer 1.

Welche Differenzen existieren, darin stimmten die Meinungen der Experten überein. Sie gingen davon aus, dass Managerinnen in höherem Maße soziales Verhalten und soziale Qualifikationen in

---

[174] Vgl. Wunderer, R.; Dick, P. (1997), S. 5.
[175] Vgl. Wunderer, R.; Dick, P. (1997), S. 11.
[176] Vgl. Wunderer, R.; Dick, P. (1997), S. 68.
[177] Vgl. Wunderer, R.; Dick, P. (1997), S. 68.

ihre Arbeit einfließen ließen als ihre männlichen Pendants, deren Arbeitsweise rational, dominant, ziel- und konkurrenzorientiert geprägt ist. Dies bedeutet, die Führungsfrauen gehen nach Auffassung der Befragten sozialintegrativer, kooperationsfreudiger, sensibler und intuitiver an ihre Führungsaufgabe heran. Vor allem die weiblichen Personalexperten hielten Managerinnen im Ganzen gesehen für partizipativer und prosozialer. Ihre Entscheidungen und Anweisungen könnten die Frauen besser darlegen. Den Teammitgliedern würden in größerem Umfang Mitsprach- und Mitentscheidungskompetenz gewährt. Die Kommunikation zwischen weiblicher Führungskraft und Mitarbeitern verlaufe in stärkerem Maße auch informell. Ebenso seien die Frauen eher daran interessiert ihre Mitarbeiter persönlich zu unterstützen. Bei der Gesamtbetrachtung meinten 57% der weiblichen Personalfachleute, dass durch weibliche Verhaltens- und Handlungsweisen eine effektivere Führung der Teammitglieder möglich sei. Lediglich 8% der männlichen Personalexperten unterstützten diese Vermutung.[178]

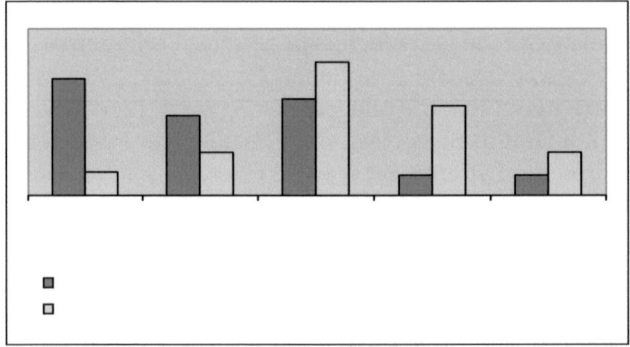

Bild 1: Ausmaß der Differenzen zwischen Managerinnen und Managern in Führung und Zusammenarbeit nach Meinung von Personalfachleuten (Angaben in %)[179]

Goos und *Hansen* zogen ihr Datenmaterial aus Interviews in 300 Unternehmen und führten mit Führungskräften aus 25 Firmen detaillierte Befragungen durch.[180]

Eine erste Frage, welche an die Personalverantwortlichen gestellt wurde, bezog sich auf Schlüsselkompetenzen.[181] Dabei wollten

---

[178] Vgl. Wunderer, R.; Dick, P. (1997), S. 68 f.
[179] Vgl. Wunderer, R.; Dick, P. (1997), S. 69.
[180] Vgl. Goos, H.; Hansen, K. (2000), S. 5.

Goos und *Hansen* wissen, welche dieser Eigenschaften speziell bei weiblichen, welche speziell bei männlichen Führungskräften bzw. welche bei beiden Geschlechtern gleich stark auftreten.[182] Anhand der ausgewerteten Antworten ergab sich folgendes Bild.

Die Frauen schnitten in der Mehrzahl der führungsrelevanten Fähigkeiten besser ab. So wurde ihnen in sechs von acht Fertigkeiten gegenüber den männlichen Führungskräften eine höhere Ausprägung des Merkmals zugeschrieben. Lediglich bei den Aspekten Frustrationstoleranz und Durchsetzungsfähigkeit erfolgte eine verstärkte Zuordnung zum männlichen Geschlecht. Allerdings ist zu beachten, dass sechs der acht abgefragten Fähigkeiten von den Interviewten für beide Geschlechter als gleich ausgeprägt beschrieben wurden. D.h. sowohl Frauen als auch Männern wurden Kommunikations-, Umstellungsfähigkeit, ethisches Bewusstsein, Motivierung, Zielstrebigkeit und Frustrationstoleranz in gleichem Maße zuerkannt.[183]

Die grafische Darstellung der Ergebnisse erfolgt in Bild 2.

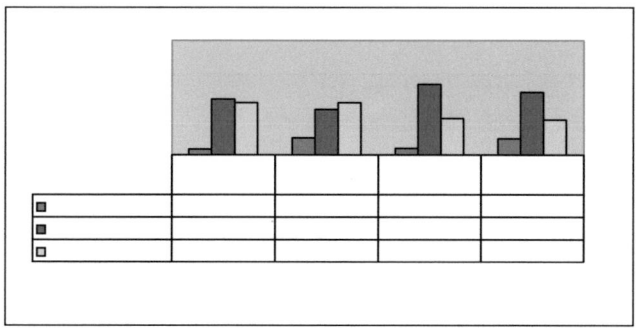

---

[181] Siehe zu Schlüsselkompetenzen Kapitel 4.2.1.

[182] Vgl. Goos, H.; Hansen, K. (2000), S. 35.

[183] Vgl. Goos, G.; Hansen, K. (1999), S. 114 f.; vgl. Goos, H.; Hansen, K. (2000), S. 35.

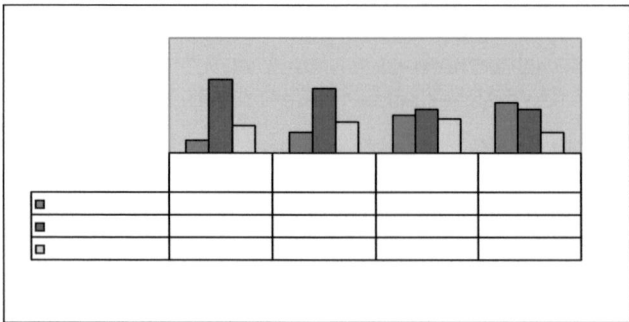

Bild 2: Geschlechtsspezifische Ausprägung bestimmter Führungsfähigkeiten (N=171-133; Angaben in %)[184]

Goos und Hansen stellten durch die Ergebnisse ihrer Befragung fest, dass die geschlechtsspezifischen Differenzen im Führungsverhalten anhand dieser acht abgefragten Fähigkeiten eher gering ausfallen. Besonders auch deshalb, da die meisten der Befragten sich für das Merkmal *gleich ausgeprägt* entschieden. Es lässt sich aber trotzdem vermuten, dass das Verhalten der Geschlechter nicht als homogen bezeichnet werden kann. Die Differenzen zwischen weiblichen und männlichen Führungskräften sind nicht groß, aber vorhanden.[185]

4.3.2 Einschätzungen durch die Mitarbeiter

Neben den Personalfachleuten wurden auch 256 weibliche und 241 männliche Mitarbeiter von Führungskräften durch *Dick* und *Wunderer* befragt. Dabei zeigte sich, dass das Führungsverhalten, sowohl weiblicher als auch männlicher Vorgesetzter von deren Mitarbeitern als annähernd gleich beschrieben wurde.[186]

Die Mitarbeiter nahmen an einer Befragung zum Thema Entscheidungsfindung teil. Die Frage dabei lautete: „Bitte beurteilen Sie die typische Entscheidungsfindung zwischen Ihnen und Ihrem/Ihrer direkten Vorgesetzten. Gehen Sie dabei von normalen Entscheidungsfällen aus. Außergewöhnliche Entscheidungen sowie

---

[184] Vgl. Goos, G.; Hansen, K. (1999), S. 115; vgl. Goos, H.; Hansen, K. (2000), S. 35.

[185] Vgl. Goos, G.; Hansen, K. (1999), S. 19.

[186] Vgl. Wunderer, R.; Dick, P. (1997), S. 69.

seine/ihre Routineentscheidungen lassen Sie außer Acht."[187] Tabelle 7 zeigt die Antwortmöglichkeiten der Mitarbeiter.

Tabelle 8: Antwortoptionen der Mitarbeiter gefragt nach der Entscheidungsfindung[188]

A	„Mein(e) Vorgesetzte(r) entscheidet, ohne mich zu konsultieren."
B	„Mein(e) Vorgesetzte(r) entscheidet. Er/Sie versucht aber, mich von seinem/ihren Entscheidungen zu überzeugen, bevor er/sie sie anordnet."
C	„Mein(e) Vorgesetze(r) informiert mich über beabsichtigte Entscheidungen, um dadurch deren Akzeptanz zu erreichen."
D	„Mein(e) Vorgesetze(r) informiert mich über beabsichtigte Entscheidungen. Ich kann meine Meinung äußern, bevor er/sie die endgültige Entscheidung trifft."
E	„Ich entwickle Vorschläge. Mein(e) Vorgesetzte(r) entscheidet sich für die von ihm/ihr favorisierte Alternative."
F	„Ich entscheide, nachdem mein(e) Vorgesetzt(r) die Probleme aufgezeigt und die Grenzen des Entscheidungsspielraumes festgelegt hat."
G	„Ich entscheide, mein(e) Vorgesetzte(r) fungiert vor allem als Koordinator(in) nach innen und außen."

Laut den Ergebnissen, die in Abbildung 3 grafisch illustriert sind, diagnostizierten *Wunderer* und *Dick* geringe Differenzen zwischen den Geschlechtern. Die Mitarbeiter nannten Kategorie D sowohl für weibliche als auch für männliche Vorgesetzte am häufigsten, bei der den Führungskräften ein konsultatives Führungsverhalten zugesprochen wird. Genauer bedeutet dies, dass die Mitarbeiter auf Entscheidungen hingewiesen werden, und sie sich dazu äußern können.

Die Mitarbeiter sagten ebenfalls aus, dass weibliche Führungskräfte, im Gegensatz zu ihren männlichen Kollegen, nicht öfter eine kooperative Führung zeigten. Die Ausprägung ist sogar bei beiden Geschlechtern nahezu identisch. Die männlichen erhielten 22%, die weiblichen Vorgesetzten 21%. Diese Aussage steht konträr zur viel-

---

[187] Vgl. Wunderer, R.; Dick, P. (1997), S. 70.
[188] Wunderer, R.; Dick, P. (1997), S. 70.

fach angenommenen Vermutung Frauen würden diese Art der Führung bevorzugen. So zeigte sich sogar im Gegenteil, dass die weiblichen Führungskräfte laut ihren Mitarbeitern mit einem Anteil von 12% sogar öfter als die Männer mit 5% eine patriarchalische Führung wählten - Antwort B.[189]

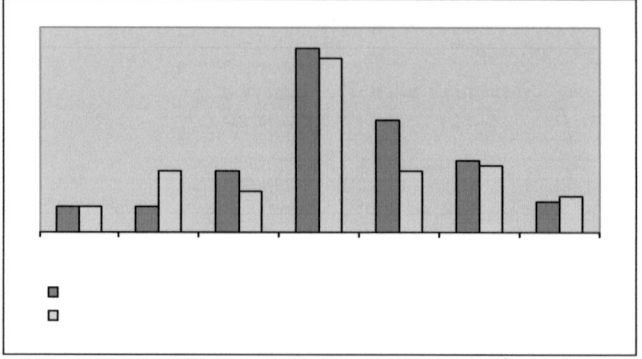

Bild 3: Ausmaß der Differenzen in der Entscheidungsfindung zwischen weiblichen und männlichen Managern nach Meinung der Mitarbeiter[190]

In Tabelle 8 wird noch einmal verdeutlicht, wie die Mitarbeiter die Entscheidungsfindung des Vorgesetzten, abhängig vom Geschlecht des Teammitgliedes, einschätzten.

---

[189] Vgl. Wunderer, R.; Dick, P. (1997), S. 69 f.; vgl. Wunderer, R. (2003), S. 249 f.
[190] Vgl. Wunderer, R.; Dick, P. (1997), S. 70.

Tabelle 9: Entscheidungsfindung zwischen Führungskraft und Teammitglied abhängig vom Geschlecht des Mitarbeiters (Angaben in %)[191]

Entscheidungs-verhalten	Führung weiblicher Mitarbeiter		Führung männlicher Mitarbeiter	
	durch weibliche Manager (N=91)	durch männliche Manager (N=96)	durch weibliche Manager (N=101)	durch männliche Manager (N=96)
autoritär	9	7	2	3
patriarchalisch	12	8	12	1
informierend	10	13	7	12
beratend	37	41	30	32
kooperativ	20	19	23	26
delegativ	7	8	19	19
autonom	6	4	8	7

Eine genauere Betrachtung der Darstellung zeigt, dass die Führung der Mitarbeiter durch männliche und weibliche Manager im Ganzen gesehen kein geschlechtsspezifisches Führungsverhalten der Vorgesetzten offenbart. Unterschiede bei der Mitarbeiterführung der Geschlechter zeigen sich lediglich darin, dass die Kategorie *delegativ* bei männlichen Mitarbeitern häufiger genannt wird als bei ihren weiblichen Kollegen. Männer scheinen in die Entscheidungsfindung, sowohl von weiblichen als auch von männlichen Führungskräften stärker mit einbezogen zu werden als die Frauen. Im Gegensatz dazu erklärten die befragten weiblichen Mitarbeiter, dass sie von weiblichen wie männlichen Vorgesetzten stärker autoritär und patriarchalisch geführt wurden.[192]

Eine weitere Befragung drehte sich um das Thema prosoziales Verhalten, folglich nach dem Ausmaß des wechselseitigen Vertrauens, gegenseitiger Unterstützung und Akzeptanz.[193] Wiederum konnten die Befragten anhand einer Skala von A bis G antworten. Die gestellte Frage lautete: „Bitte beurteilen Sie nun die typische Führungs- und Kooperationsbeziehung zwischen Ihnen und Ihrem/Ihrer direkten Vorgesetzten aus zwischenmenschlicher Sicht.

---

[191] Vgl. Wunderer, R.; Dick, P. (1997), S. 71.
[192] Vgl. Wunderer, R.; Dick, P. (1997), S. 70 f.
[193] Vgl. Wunderer, R. (2000), S. 264.

Es geht hier also vor allem um das wechselseitige Vertrauen, die gegenseitige Unterstützung und Akzeptanz."[194] Die Antwortmöglichkeiten sind Tabelle 9 zu entnehmen.

Tabelle 10: Antwortmöglichkeiten der Mitarbeiter gefragt nach dem prosozialen Vorgesetztenverhalten[195]

A	„Die zwischenmenschlichen Beziehungen beschränken sich auf das Notwendigste, sind zudem distanziert."
B	„Mein(e) Vorgesetzte(r) sucht dann Kontakt, wenn er/sie meine Leistung steigern möchte."
C	„Mein(e) Vorgesetzte(r) strebt effiziente und ungestörte, aber kaum echte zwischenmenschliche Führungsbeziehungen an."
D	„Wir pflegen recht gute zwischenmenschliche Beziehungen, nicht nur aus fachlichen Motiven."
E	„Wir verstehen uns als echtes Team. Wir schätzen, unterstützen und vertrauen uns sehr weitgehend, haben auch häufiger informelle Kontakte."
F	„Wir verstehen, unterstützen und ergänzen uns gut, auch ohne viel persönliche oder informelle Kontakte."
G	„Mein(e) Vorgesetzte(r) und ich können uns aufeinander verlassen. Wir haben aber wenig persönliche Beziehungen und erledigen unsere Aufgaben jede(r) für sich."

Die Ergebnisse der Untersuchung, dargestellt in Abbildung 4, ließen wiederum vermuten, dass es so gut wie keine Differenzen zwischen weiblichen und männlichen Vorgesetzten im prosozialen Verhalten gab.[196]

---

[194] Vgl. Wunderer, R.; Dick, P. (1997), S. 72.
[195] Wunderer, R.; Dick, P. (1997), S. 72.
[196] Vgl. Wunderer, R.; Dick, P. (1997), S. 72.

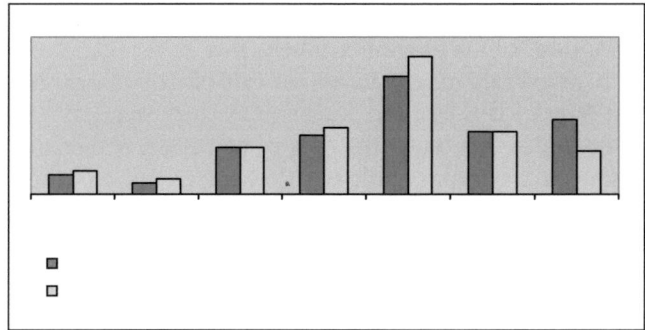

Bild 4: Ausmaß der Differenzen im Sozialverhalten zwischen weiblichen und männlichen Managern nach Meinung der Mitarbeiter (Angaben in %)[197]

In der Gesamtbetrachtung zeigten die Befragungen der Mitarbeiter durch *Wunderer* und *Dick* keine nennenswerten Unterschiede im Führungsverhalten von weiblichen und männlichen Vorgesetzten.[198] Ein typisch weibliches Führungsverhalten oder ein spezifisch weiblicher Führungsstil konnte durch die Befragung der Mitarbeiter nicht belegt werden. Die Mitarbeiter urteilten dahingehen, dass der Mehrheit der weiblichen Vorgesetzten eine Führung zwischen den Kategorien konsultativ, kooperativ und delegativ zugesprochen werden kann. D.h., die Mitarbeiter werden in einem bestimmten Rahmen, mehr oder weniger stark in die Entscheidungsfindung und Umsetzung des Lösungsweges mit einbezogen.

Auch *Bischoff* befasste sich in ihren Untersuchungen zum Thema Führungsfrauen mit der Zusammenarbeit zwischen Vorgesetzten und Mitarbeitern. Dabei zeigte sich bei der Analyse der Ergebnisse, wie die Mitarbeiter die Zusammenarbeit mit ihrem Vorgesetzten prinzipiell einschätzten, folgendes Bild.

Die Zusammenarbeit wurde von zwei Drittel der Männer, sowohl mit weiblichen als auch mit männlichen Vorgesetzten als gleichermaßen gut bezeichnet. Jeweils eine Minderheit von 19% der befragten Männer empfand die Zusammenarbeit mit einem weiblichen Chef als schlechter. 14% der männlichen Mitarbeiter fühlten

---

[197] Vgl. Wunderer, R.; Dick, P. (1997), S. 72.
[198] Vgl. Wunderer, R.; Dick, P. (1997), S. 73.

sich bei einer Managerin besser aufgehoben. Ebenso viele weibliche Mitarbeiter empfanden die Zusammenarbeit mit einer gleichgeschlechtlichen Führungskraft als positiver als mit einem Mann. Allerdings steht ein Viertel der Frauen weiblichen Vorgesetzten kritisch gegenüber und gibt an, dass die Zusammenarbeit schlechter als mit einem Mann sei. Besonders fällt auf, dass sich gerade Frauen in höheren Hierarchieebenen und Frauen in Unternehmen mit sehr hoher Führungsfrauenquote überdurchschnittlich häufig negativ zu Führungsfrauen äußern. Hingegen können 60% keine Unterschiede zwischen weiblichem oder männlichem Vorgesetzten feststellen.[199]

Da 19% der Männer und sogar 25% der Frauen die Zusammenarbeit mit einer weiblichen Führungskraft als negativ beschrieben haben, befasste sich ein weiterer Teil der Untersuchung von *Bischoff* mit den negativen Aspekten von weiblichen Vorgesetzten. Dabei sollten Mitarbeiter beiden Geschlechts negativ empfundene Situationen und Eigenschaften ihrer Vorgesetzten nennen.[200] Tabelle 10 stellt die häufigsten Nennungen in Rangfolge dar.

---

[199] Vgl. Bischoff, S. (1999), S. 125.
[200] Vgl. Bischoff, S. (1999), S. 125.

Tabelle 11: Negative Aspekte der Zusammenarbeit mit Managerinnen nach Meinung der Mitarbeiter201

Nennungen durch männliche Mitarbeiter	Nennungen durch weibliche Mitarbeiter
• Konflikte und Spannungen • intrigant • zu emotional, unberechenbar • aggressiver • Rivalität und Konkurrenzdenken • Arroganz • mangelnde Kompromiss- und Diskussionsbereitschaft • mangelnder Einsatz • minderqualifiziert bzw. fehlende Fachkenntnisse • hemmt Unternehmensentwicklung	• Rivalität, Konkurrenzdenken und Stutenbissigkeit • Neid und Eifersucht • intrigant • Unsicherheit, mangelnde Souveränität • zu schnell beleidigt • übertriebene Härte • brachte persönliche Belange mit ein • mangelnde Kritikfähigkeit • mangelnde Diskussionsbereitschaft • minderqualifiziert bzw. fehlende Fachkenntnisse • mangelnde Professionalität • fehlende präzise Anweisungen

---

[201] Vgl. Bischoff, S. (1999), S. 125 f.

Männliche Mitarbeiter bemängeln demnach hauptsächlich Konflikte und Spannungen in der Zusammenarbeit mit weiblichen Vorgesetzten. Sie halten Führungsfrauen für intrigant, unberechenbar und überemotional. Allerdings auch für aggressiver und damit verbunden geneigt zu Rivalitäten und Konkurrenzdenken.

Interessant ist, dass die Nennung von Rivalität und Konkurrenzdenken bei den weiblichen Mitarbeitern sogar an erster Stelle genannt wird. Gelten Frauen nicht im Allgemeinen als friedliebende, Konkurrenzkämpfe vermeidende Wesen? Nach Meinung der Mitarbeiterinnen und Mitarbeiter gilt dies auf keinen Fall für Führungsfrauen. Daneben bescheinigen die Mitarbeiterinnen, die negative Erfahrungen mit weiblichen Führungskräften gemacht haben, diesen auch Neid, Eifersucht, Intriganz aber auch Unsicherheit.

Die Einschätzungen von Mitarbeitern spiegeln meist eine sehr subjektive Sicht der Dinge wieder. Dabei sei auch nicht zu vergessen, dass wiederum auch hier stereotype Erwartungen von weiblichem Verhalten eine Rolle spielen können.

4.3.3 Selbsteinschätzungen der Führungskräfte

Für *Wunderer* und *Dick* liegt die Vermutung nahe, dass, auch wenn sich bei den Befragungen der Mitarbeiter keine geschlechtsspezifisch weibliche Führung herauskristallisierte, es doch eine solche gibt. Sie begründen dies damit, dass die Führungsfrauen durch Sozialisation und Biologie eventuell lieber partizipativ und prosozial agieren und führen, durch Bedingungen innerhalb der Organisation aber daran gehindert würden.[202]

Um auch die Meinung der Führungskräfte selbst einzufangen, galt die Aufmerksamkeit der Befragung auch den weiblichen und männlichen Führungskräften. Diese mussten eine Selbsteinschätzung ihres Führungsverhaltens abgeben. Das Ergebnis zeigte, dass beide Geschlechter eine annähernd einheitliche Auffassung von Führung hatten. Als interessant zu erachten ist aber, dass speziell die weiblichen Vorgesetzten stärker eine Sachorientierung in ihrer Führungsweise favorisierten. Sie zogen eine Vorgesetzten-Mitarbeiterbeziehung mit einem Minimum an sozialen Kontakten vor. D.h. sie gingen von einer guten Arbeitsbeziehung mit geringem

---

[202] Vgl. Wunderer, R.; Dick, P. (1997), S. 74.

persönlichem oder informellem Kontakt aus. Im Endeffekt schätzten weniger weibliche als männliche Manager ihr Führungs- und Entscheidungsverhalten als kooperativ oder delegativ ein.[203]

Wiederum konnten *Wunderer* und *Dick* durch die Befragung keinen spezifisch weiblichen Führungsstil herausfinden.

Bischoff nahm in ihren Untersuchungen die persönliche Befragung der Führungskräfte ebenfalls mit auf. Sie wies darauf hin, dass „der in der Vergangenheit propagierte, teils beschworene große Unterschied im Führungsverhalten von Männern und Frauen"[204] in empirischen Analysen noch nicht belegt worden sei. Durch ihre Nachforschungen fand sie heraus, dass Männer und Frauen in Führungspositionen gleichwohl kooperativ, situationsbedingt, aber auch autoritär führen. Die folgende Tabelle 11 macht die Selbsteinschätzung der befragten Führungskräfte sichtbar.

Tabelle 12: Führungskräfte befragt zum eigenen Führungsverhalten (Angaben in %)[205]

	Männer	Frauen
im Grundsatz kooperative Führung	86	86
situationsbedingt autoritäre Führung[206]	25	33
Mitarbeiterorientierung[207]	8	7
Teamorientierung und richtungsweisend[208]	2	3
Ziel- und Aufgabenorientierung	3	2

Grundsätzlich ergab sich aus der Selbsteinschätzung der Führungskräfte, dass es nahezu keinen Unterschied in der Mitarbeiter-, Team- und Zielorientierung von weiblichen und männlichen Vorge-

---

[203] Vgl. Wunderer, R.; Dick, P. (1997), S. 74.

[204] Bischoff, S. (1999), S. 131.

[205] Vgl. Bischoff, S. (1999), S. 132.

[206] nach Bischoff, S. (1999), S. 132 definiert als hart, streng-konfrontierend, eher handeln als reden etc.

[207] nach Bischoff, S. (1999), S. 132 definiert als motivierend, unterstützend, aufstiegsfördernd, einbindend, anleitend, soziale Verantwortung übernehmen etc.

[208] nach Bischoff, S. (1999), S. 132 definiert als [...] mit Alleinentscheidung, einfühlsam aber konsequent, Primus inter pares (Erster unter Ranggleichen, ohne Vorrang nach DUDEN (1990), S. 634) etc.

setzten gibt. Interessant ist, dass sich die Frauen sogar eher als autoritär bezeichneten als die Männer. Das gängige weibliche Klischee weiblich = weich konnte für die Führungsfrauen anhand der Selbsteinschätzung also nicht bestätigt werden.

In der folgenden Tabelle 12 ist zu sehen, wie Frauen und Männer ihr Führungsverhalten je nach Hierarchieebene beurteilten.

Tabelle 13: Selbsteinschätzung des Führungsverhaltens weiblicher und männlicher Vorgesetzter auf den unterschiedlichen Hierarchieebenen (Angaben in %)[209]

	3. Ebene	2. Ebene	1. Ebene
Frauen			
• Grundsätzlich kooperativ	95	80	79
• Situationsbedingt autoritär	20	29	36
Männer			
• Grundsätzlich kooperativ	88	81	85
• Situationsbedingt autoritär	0	23	28

Frauen beurteilten ihr Führungsverhalten dahingehend, dass sie im Grundsatz eine kooperative Leitung ihrer Mitarbeiter anstrebten. Wenn es die Situation jedoch verlangte, griffen sie auch autoritär durch. Im Gegensatz zu den männlichen Managern stach hervor, dass die Frauen sich oftmals als autoritärer bezeichneten. Sowohl Kooperation als auch Autorität wurde von der jeweiligen Hierarchieebene bestimmt. Je höher die Managementebene, desto stärker das autoritäre Auftreten sowohl bei Männern als auch bei Frauen. Nach Einschätzung der weiblichen Führungskräfte ließ ihr kooperatives Handeln mit der Höhe der Führungsebene nach.

Nachdem die Führungskräfte ihr momentanes Führungsverhalten beschrieben hatten, sollten sie eine Aussage dazu machen, was sie für ihr zukünftiges Verhalten vermuteten. Dabei kam *Bischoff* bei einer Befragung ohne vorgegebene Antwortmöglichkeiten auf die auf der folgenden Seite in Tabelle 13 abgebildeten Ergebnisse.[210] Detaillierter Erklärungen zu den einzelnen Aspekten können auch aus Anlage 1 entnommen werden.

---

[209] Vgl. Bischoff, S. (1999), S. 133.
[210] Vgl. Bischoff, S. (1999), S. 135 f.

Wiederum sahen weniger Frauen als Männer ihr zukünftiges Führungsverhalten kooperationsorientiert. Weibliche Führungskräfte setzten für die Zukunft auf Team- und Mitarbeiterorientierung, kommunikative Fähigkeiten und Persönlichkeit. In höherem Maße als die männlichen Kollegen waren sie für die Übernahme von Verantwortung, das Delegieren von Aufgaben und die Erweiterung des Wissens- und Kenntnisstandes offen.

	Frauen	Männer
kooperatives Verhalten	31	42
Teamorientierung	31	33
Unternehmerische Fähigkeiten	15	29
Kommunikative Fähigkeiten	20	23
Persönlichkeit	18	18
Mitarbeiterorientierung	20	18
Verantwortung übernehmen und delegieren	16	12
Wissen und Kenntnisse erweitern	15	10
Veränderungsfähigkeit	11	11
Leistungsorientierung	7	7
Organisationsveränderung	3	3
Kreativitäts- und ideenförderndes Verhalten	6	4
Gewinn-, Kosten- und Effizienzorientierung	2	3
Markt- und kundenorientierte Führung	0	3
Autoritäre und kontrollbetonte Führung	5	2
Global und europaorientierte Führung	2	2
Generalistisch orientierte Führung	2	1

Im Endeffekt kann aber auch *Bischoff* anhand ihrer Untersuchungen keine gravierenden Unterschiede zwischen dem Führungsverhalten von Frauen und Männern aufzeigen. Lediglich leichte Tendenzen weisen darauf hin, dass sich die weiblichen Führungskräfte selbst zwar als kooperativ und auf jeden Fall teamorientiert bezeichnen, aber auch autoritär agieren können und wollen.

Eine weitere Studie zum Thema Führungsverhalten und -stil von weiblichen und männlichen Führungskräften führte der Deut-

---

[211] Vgl. Bischoff, S. (1999), S. 135 f.

sche Städtetag durch. Dabei interviewte man Frauen und Männer zum Verhalten des jeweils anderen Geschlechts.

Erneut kam man zu der Erkenntnis, dass keine nennenswerten Differenzen im Leitungsverhalten der Geschlechter bewiesen werden konnten. Als gesichert konnte angegeben werden, dass Managerinnen insgesamt gesehen in höherem Maße als ihre männlichen Kollegen zur Teamorientierung tendierten. Diese zogen eine Zielorientierung vor.[212]

Bei der Befragung zu ihren Führungsstärken antworteten weibliche und männliche Manager gleichermaßen mit bekannten Führungsqualitäten. Zu nennen wären dabei u.a.: Kommunikations- und Konfliktfähigkeit, konsequente Zielverfolgung, Kreativität, Durchsetzungsvermögen, Intelligenz und Kompetenz. Der Bericht des Deutschen Städtetages wies aus diesem Grund darauf hin, dass der, in einer Vielzahl von literarischen Veröffentlichungen geschilderte geschlechtsspezifische weibliche Führungsstil als Gegensatz zu einem männlichen, durch die Führungskräfte selbst nicht bestätigt werden konnte.[213]

Entgegen der bisher beschriebenen Analysen, bezeichnen die weiblichen wissenschaftlichen Führungskräfte der Untersuchungen durch
Macha ihr Führungsverhalten und ihren Managementstil als kooperativ. Jene Führungsfrauen gaben dabei verschiedene Aspekte an, die für sie ausschlaggebend sind, die Zusammenarbeit mit ihren Mitarbeitern als Kooperation zu beschreiben.[214]

Die leitenden Wissenschaftlerinnen verfolgen einen demokratischen Entscheidungsprozess. D.h. sie bemühen sich einen Konsens in der Zusammenarbeit während Besprechungen oder in Arbeitsgruppen zwischen Führungskraft und Mitarbeitern herzustellen. Die Lösungen für Probleme und Aufgaben sollen gemeinsam erarbeitet und von allen akzeptiert werden. Die Mitarbeiter werden ausdrücklich in die Entscheidungsprozesse mit einbezogen. Aber sie nehmen nicht nur an Entscheidungen teil. Sie bekommen auch Ver-

---

[212] Vgl. Spieß, G. (2000), S. 87.
[213] Vgl. Spieß, G. (2000), S. 87.
[214] Vgl. Macha, H. (2000), S. 203 ff.

antwortung für die Zielerreichung delegiert. Dies setzt großes Vertrauen der Führungskraft voraus. Sie muss sich sicher sein, dass die Mitarbeiter ihrer Verantwortung bewusst sind. Im Problemlösungsprozess werden die Ansichten und Bedürfnisse aller Teammitglieder nach dem Aspekt der Partizipation mit eingebracht. Folglich können die Mitarbeiter ohne Angst vor negativen Konsequenzen ihre eigene Meinung vertreten. Gegensätzliche Ansichtsweisen und Kritik werden akzeptiert und besprochen, um neue Lösungswege zu finden. Dadurch entsteht eine gutes und gewünscht offenes Arbeitsklima. Die Managerinnen unterstützen die Teammitglieder gerne bei der Ausnutzung ihrer Potenziale, um zu neuen, kreativen Ideen zu gelangen. Als Team wird nach Möglichkeit auf die Umstände jedes einzelnen Rücksicht genommen. Um eine gute Teamstruktur zu erlangen, legen die Wissenschaftlerinnen Wert auf eine gute Interaktion zwischen den Mitgliedern. Auch die humorvolle Seite der Arbeit fließt in die Zusammenarbeit mit ein.[215]

Für die interviewten leitenden Wissenschaftlerinnen spielt ihre Sozialisation eine große Rolle in der Zusammenarbeit mit ihren Teammitgliedern. Dieser Prozess ist ihrer Meinung nach ausschlaggebend für die soziale Kompetenz, die sie in ihre Führung mit einbringen. Für sie ist diese Art der Führung durch bemerkenswerte Sorgfalt und Bereitschaft geprägt auf die Mitarbeiter zuzugehen und mit ihnen zusammenarbeiten zu wollen. Dies bedeutet u.a. die Stärken und Schwächen der Teammitglieder zu ermitteln und sie effektiv für die Erreichung des Ziels zu verwerten. Trotzdem setzen auch einige Frauen auf eine autoritäre Führung. Dennoch sind auch diese Führungsfrauen auf einen Konsens in der Entscheidungsfindung bedacht und bemühen sich gleichwohl um eine anregende und gute Arbeitsatmosphäre. Lediglich die letzte Entscheidung möchten sie ihrem eigenen Urteil überlassen.[216]

Die Managerinnen im wissenschaftlichen Bereich zählen zu ihren Kompetenzen die Konfliktfähigkeit, um einen guten Umgang mit ihren Teammitgliedern zu erreichen. So beziehen die Wissenschaftlerinnen Auseinandersetzungen in ihren demokratischen Führungsstil mit ein. Situationen, die Konflikte hervorrufen, werden von den Frauen offen angegangen, nicht verdrängt. So können Kon-

---

[215] Vgl. Macha, H. (2000), S. 203 ff.
[216] Vgl. Macha, H. (2000), S. 205 f.

fliktsituationen abgemildert werden, bevor diese sich intensivieren. Dabei versuchen die Frauen die Kontroversen ohne eine zu starke persönliche Anteilnahme bereits in den Anfängen durch aktives Kommunizieren zu lösen. Trotzdem sind für die Wissenschaftlerinnen Empathie und Verständnis auch in der Arbeitsbeziehung mit den Mitarbeitern sehr wichtig.[217]

Wie auch bei *Spieß* und *Macha* beschreiben auch laut *Westerholt* weibliche Manager ihr Führungsverhalten als kooperativ und teamorientiert. Da sie eine solche Leitung der Mitarbeiter bevorzugen, sind sie Hierarchien gegenüber eher abgeneigt. Sie legen Wert auf ein offenes und angenehmes Arbeitsklima, auf Delegation von Aufgaben und die Einbeziehung der Mitarbeiter in den Entscheidungsprozess. Bei der Zusammenarbeit steht für sie Konsens, nicht Machtausübung im Zentrum der Personalführung. Hierfür setzen sie Kommunikation als effektives Führungsinstrument nicht nur zur Informationsweitergabe, sondern auch für die Lösung von Spannungen und Schwierigkeiten ein. Bei der Mitarbeitermotivation verlassen sie sich auf ihre Intuition und ihr Einfühlungsvermögen.[218]

Ihre Befragung von Vorgesetzten ließ *Wajcman* wiederum zu dem Resultat kommen, dass die Interviewten selbst keinen Unterschied zwischen weiblichem und männlichem Verhaltensstil vorweisen können. So bezeichnen 81% aller befragten Führungskräfte, dass sich ihr Managementstil durch Partizipation, Mitarbeiterförderung und die Fähigkeit mit Menschen umzugehen auszeichnet. Die restlichen 19% der Befragten bezeichneten sich in ihrem Führungsverhalten mit Tendenz in Richtung autoritär. Sowohl Frauen als auch Männer führten gleicher Maßen an, dass Personalführungskompetenz die wichtigste Fähigkeit ist, um ihre Arbeit erfolgreich zu tätigen.[219]

Ebenfalls kam die Unternehmensberatung Accenture zu einem interessanten Ergebnis. Sie befragte 83 weibliche Führungskräfte aus

---

[217] Vgl. Macha, H. (2000), S. 208.
[218] Vgl. Westerholt, B. (1998), S. 25; vgl. Klammer, G. (2003), S. 132.
[219] Vgl. Wajcman, J. (2002), S. 109.

Deutschland, Österreich und der Schweiz zu ihren Erfahrungen. Interviewt wurden Frauen der ersten beiden Managementebenen aus politischen, wissenschaftlichen und wirtschaftlichen Bereichen.[220]

Die befragten Frauen hatten alle bereits entweder die erste oder zweite Führungsebene erreicht. Für sie zählten weniger die Aspekte Team und Einfühlungsvermögen. Sie sprachen Führungsqualitäten wie Entschluss- und Durchsetzungskraft, strategische und kommunikative Fähigkeiten eine große Bedeutung zu. Da das Arbeitsumfeld immer noch stark männlich geprägt ist, hielten es die Frauen für erforderlich, die als männlich bezeichneten Führungsqualitäten anzuwenden, um voranzukommen.[221]

Die Selbsteinschätzung der Managerinnen und Manager in diesem Abschnitt führt zu keiner klaren Aussage darüber, ob es einen spezifisch weiblichen Führungsstil gibt.

Die Befragungen durch *Wunderer/Dick* und *Bischoff* zeigten keinen eindeutigen Unterschied zu männlichen Führungskräften. Lediglich ist zu sagen, dass sich die Managerinnen, entgegen der landläufigen Meinung nach kooperativer Führung, eher autoritär einschätzten.

Dahingegen beschreiben *Spieß*, *Macha* und *Westerholt* ein teamorientiertes, kooperatives und partizipatives Führungsverhalten bei weiblichen Führungskräften.

4.3.4 Einschätzung durch gleichrangige Kollegen

Neben den Befragungen der Mitarbeiter und der Selbsteinschätzung der Führungskräfte bezog *Bischoff* in ihre Untersuchungen zur Zusammenarbeit mit weiblichen Führungskräften ebenfalls der Hierarchie nach gleichrangige Kollegen mit ein.

Die Studie zeigte, dass 27% der Frauen die Zusammenarbeit mit gleichrangigen Frauen als besser beschrieben als mit gleichgestellten Männern. 17% dagegen empfanden die Zusammenarbeit als schlechter. Eine gute Zusammenarbeit mit einem Mann in gleicher Position wird von 56% bestätigt. Dasselbe Bild zeigte sich bei den

---

[220] Vgl. Accenture (2002), S. 5.
[221] Vgl. Accenture (2002), S. 15.

befragten Männern.[222] Anhand der folgenden Tabelle 14 kann nachvollzogen werden, welche Aspekte die interviewten Frauen und Männer an weiblichen Führungskräften in gleichrangigen Positionen schätzten. Siehe hierzu auch Anlage 2 mit den Detaildaten der einzelnen Aspekte.

Tabelle 15: Positive Aspekte der Zusammenarbeit nach Meinung von Kollegen (Rangfolge)[223]

Nennung durch männliche Kollegen	Nennung durch weibliche Kollegen
▪ bessere Kommunikation	▪ bessere Kommunikation
▪ zielorientierter	▪ bessere Kooperation
▪ bessere Kooperation	▪ zielorientierter
▪ besseres Klima	▪ besondere persönliche Eigenschaften
▪ besondere Führungsqualitäten	▪ besondere Führungsqualitäten
▪ besondere persönliche Eigenschaften	

Den weiblichen Führungskräften werden von den Kollegen beiderlei Geschlechts als wichtigster positiver Aspekt die bessere Kommunikation zuerkannt. Dies festigt die These, dass Frauen im Allgemeinen über gute verbale Fähigkeiten verfügen. Interessant ist die Tatsache, dass den Führungsfrauen besonders von den männlichen Kollegen eine hohe Zielorientierung zugesprochen wird, obwohl vor allem Männer eher das eigene Geschlecht dadurch auszeichnen. Entgegen der Selbsteinschätzung der Frauen wird ihnen von den Kollegen eine bessere Kooperation in der Zusammenarbeit nachgesagt. Allerdings bezog sich die eigene Beurteilung zu kooperativer oder autoritärer Führung mehr auf die Mitarbeiter-Vorgesetzten Beziehung, denn auf die Arbeitsbeziehung unter gleichrangigen Kollegen. Die Qualifikation zu besonderen Führungsqualitäten wurde ihnen der Rangfolge nach schneller von den männlichen Kollegen zuerkannt. Allerdings legten die Männer dabei eine andere Gewichtung auf den Inhalt der Führungsqualitäten als die interviewten Frauen.

---

[222] Vgl. Bischoff, S. (1999), S. 126.
[223] Vgl. Bischoff, S. (1999), S. 126 f.

Aber natürlich wussten die Kollegen, wie auch die Mitarbeiter, um die negativen Eigenschaften der weiblichen Vorgesetzten in der Zusammenarbeit. Den männlichen Kollegen fiel nach ihren Äußerungen dabei die häufige Aggressivität und übertriebene Prinzipientreue auf. Rivalität, Neid, Eifersucht und Stutenbissigkeit nannten hingegen die weiblichen Kollegen als negative Gesichtspunkte der Kooperation.[224]

Im Zusammenhang mit Frauen und Führung wurden ebenfalls einige Studien durch Unternehmens- und Personalberatungen durchgeführt. Im nun folgenden Kapitel werden drei dieser Untersuchungen dargestellt.

4.4 Studien zu Führungsfrauen

Innerhalb der letzten Jahre wurden viele Studien zum Thema Geschlecht und Führung veröffentlicht. Ein paar dieser folgen nun in den nächsten Abschnitten.

4.4.1 Studie von Dr. Heimeier & Partner

Eine dieser Studien wurde von der Management- und Personalberatung Dr. Heimeier & Partner durchgeführt.

Ihre Analysen umfassten die Befragung von Geschäftsführern, Vorständen, Führungskräften des Top Managements und Personalmanagern in 15 europäischen Ländern. Diese wurden u.a. dazu interviewt, welche Eigenschaften Frauen in Managementpositionen ihrer Meinung nach zuzuschreiben sind. Das Datenmaterial aus sieben dieser Länder konnte für ein aussagekräftiges Ergebnis ausgewertet werden. Das Resultat lautete nach Aussage der Befragten folgendermaßen: Frauen in Führungspositionen agieren „kommunikationsstark, sehr zielorientiert, ausdauernd, teamorientiert und in der Regel auch organisationsstark".[225]

---

[224] Vgl. Bischoff, S. (1999), S. 127.
[225] Wacker, C. (o.J.), S. 2.

4.4.2 Studien der Management Research Group

Umfangreiche Untersuchungen wurden von der Management Research Group (MRG) durchgeführt. Das Unternehmen ist auf die Gestaltung von Instrumenten zur Verhaltensmessung für die persönliche und unternehmerische Entwicklung spezialisiert.[226]

MRG bemängelt die in vielen vergangenen Studien begangenen Fehler, welche die erhobenen Daten nahezu unbrauchbar und eine Verallgemeinerung unmöglich machten. Sei es durch eine zu kleine Anzahl an Befragten, die mangelhafte Definition von Führung oder ausschließlich die Selbsteinschätzung der Führungskräfte. Durch ihre Befragungsmethode und ihr Vorgehen verbesserte MRG die erhobene Datenqualität der Studie.[227]

4.4.2.1   Vorgehensweise

In den vergangenen 15 Jahren sammelte MRG umfassende und detaillierte Informationen über Merkmale, Führungsstil und Leistungsfähigkeit von Führungskräften auf der ganzen Welt. Durch eine 150.000 Manager umfassende Datenbasis zum Führungsverhalten und -stil war MRG in der Lage, daraus 900 Paare aus jeweils einer weiblichen und einer männlichen Führungskraft zusammenzustellen. Die Voraussetzungen waren dabei, dass diese in derselben Firma auf der gleichen Führungsebene tätig waren, die gleiche Position im gleichen Funktionsbereich inne und vergleichbare Erfahrungsjahre im Management hatten. Diese Vorgehensweise stellte sicher, dass jegliche festgestellten Unterschiede im Führungsstil nicht durch unternehmerische Stellung und Kultur, sondern durch das Geschlecht alleine verursacht wurden.[228]

Jede der 1.800 Führungskräfte wurde anhand einer von MRG entwickelten Methode bewertet. Das Modell umfasst 22 spezifische Dimensionen des Führungsverhaltens, welche in sechs Funktionskategorien zusammengefasst werden.[229]

---

[226] Vgl. Kabacoff, R.; Peters, H. (1998), p. 2.
[227] Vgl. Kabacoff, R. (1998), p. 1.
[228] Vgl. Kabacoff, R.; Peters, H. (1998), pp. 2; vgl. Kabacoff, R. (1998), p. 2.
[229] Vgl. Kabacoff, R.; Peters, H. (1998), p. 3; vgl. Kabacoff, R. (1998), p. 2.

Tabelle 15 stellte die Funktionskategorien und Dimension dar. In Anlage 3 können die genauen Beschreibungen zu den einzelnen Merkmalen nachgelesen werden.

Tabelle 16: The Leadership Effectiveness AnalysisTM Model of MRG230

Creating a vision	Developing followership	Implementing the vision
▪ Conservative		
▪ Innovative	▪ Persuasive	▪ Structuring
▪ Technical	▪ Outgoing	▪ Tactical
▪ Self	▪ Excitement	▪ Communication
▪ Strategic	▪ Restraint	▪ Delegation
Following through	**Achieving results**	**Team playing**
▪ Control	▪ Management focus	▪ Co-operation
▪ Feedback	▪ Dominant	▪ Consensual
	▪ Production	▪ Authority
		▪ Empathy

Jede Führungskraft musste ebenfalls einen Fragebogen zur Selbsteinschätzung ihres Führungsverhaltens ausfüllen. Des Weiteren wurden die Führungskräfte anhand einer 360-Grad-Beurteilung evaluiert. Darunter vier Kollegen und vier Mitarbeiter, die anonym Bewertungen abgaben und ein Vorgesetzter. Zusätzlich beurteilten Vorgesetzten, Kollegen und Mitarbeiter jede Führungskraft auch nach deren Fähigkeiten.[231]

4.4.2.2 Ergebnisse

Prinzipiell zeigten weibliche und männliche Manager eine ähnliche Art der Führung. Allerdings stellten sowohl die Führungskräfte selbst, als auch die Vorgesetzten, Kollegen und Mitarbeiter fest, dass es Unterschiede im Führungsverhalten zwischen den Geschlechtern gibt. Dabei spielte es keine Rolle, durch welches Geschlecht die Führungskraft beurteilt wurde. Frauen als auch Männer

---

[230] Vgl. Kabacoff, R.; Peters, H. (1998), p. 3.
[231] Vgl. Kabacoff, R.; Peters, H. (1998), p. 3; vgl. Kabacoff, R. (1998), p. 2.

machten also keinen Unterschied in der Beurteilung weiblicher und männlicher Führungskräfte.[232]

MRG fasst die gefundenen Differenzen in zwei Hauptbereiche zusammen:

Der erste Bereich betrifft

Aufgabe [Focus liegt auf Erfüllung einer Aufgabe]

vs. **Strategie** [Orientierung anhand einer Gesamtbetrachtung].[233]

Die Untersuchung verdeutlichte, dass weibliche Führungskräfte stärker aufgaben- und ergebnisorientiert sind als ihre männlichen Kollegen. Durch die Ergebnisse der Studie kann davon ausgegangen werden, dass Managerinnen sich vermehrt daran ausrichten höhere Standards bei der Ausführung von Aufgaben zu setzen. Ebenso verfolgen weibliche Führungskräfte eine konsequentere Zielerreichung. Frauen scheinen stärker dazu geneigt, Arbeit in einer strukturierten Art zu organisieren. Außerdem beschäftigen sie sich damit sicherzustellen, dass Ziele gesetzt und Ergebnisse erreicht werden. Insbesondere wurden Frauen in den Merkmalen Produktivität,[234] Dominanz,[235] Kontrolle,[236] Kommunikation[237] und Feedback[238] tendenziell höher eingeschätzt.[239]

---

[232] Vgl. Kabacoff, R.; Peters, H. (1998), p. 3.

[233] Vgl. Kabacoff, R.; Peters, H. (1998), p. 4.

[234] Im Sinne von: "strong pursuit of achievement, holding high expectations for self and others" nach Kabacoff, R.; Peters, H. (1998), p. 4.

[235] Im Sinne von: "pushing vigorously to achieve results through forceful, assertive, competitive action" nach ebenda.

[236] Im Sinne von: "setting deadlines and monitoring progress" nach ebenda.

[237] Im Sinne von: "stating clear expectations" nach ebenda.

[238] Im Sinne von: "letting others know how they have performed" nach ebenda.

[239] Vgl. Kabacoff, R.; Peters, H. (1998), p. 4.

Der zweite Bereich befasst sich mit

Ausdruckskraft [Beschreibt den Willen, Begeisterung und eine kraftvolle, dynamische Art der Führung zu zeigen]

vs. **Zurückhaltung** [Im Sinne einer maßvollen, reservierten und wohl überlegten Art].[240]

Führungsfrauen werden definitiv als ausdrucksvoller beschrieben. Sie handeln mit mehr Energie, Intensität und emotionalem Ausdruck. Ebenfalls besitzen weibliche Führungskräfte bessere Fähigkeiten andere zu begeistern und einzubeziehen. Ebenso zeigen sie mehr Interesse an anderen Personen, sind eher dazu geneigt enge Arbeitsbeziehungen aufzubauen und stärker an der Entwicklung anderer engagiert. Von einer Mehrzahl der Befragten werden Frauen als aufrichtiger, unvoreingenommener und offener als ihr männliches Pendant wahrgenommen.[241]

Bei der Frage nach den Fähigkeiten zeigte sich, dass die Interviewten den weiblichen Führungskräften ein besonderes Talent in Bezug auf den Umgang mit Menschen zuerkennen. So wurden den Führungsfrauen auf diesem Gebiet spezielle Begabungen wie z.B. Einfühlungsvermögen und die Fähigkeit effektiv zuhören zu können, zugeschrieben. In dieser Kategorie wurden die weiblichen Führungskräfte von allen Befragten besser bewertet als ihre männlichen Kollegen.[242]

Das Führungsverhalten der weiblichen Manager wurde im Ganzen gesehen generell als tatkräftige, beziehungsorientierte und freundliche Methode zur Erreichung eines Ziels und Erfüllung einer Aufgabe eingeschätzt.[243]

---

[240] Vgl. Kabacoff, R.; Peters, H. (1998), p. 5.
[241] Vgl. Kabacoff, R.; Peters, H. (1998), p. 5.
[242] Vgl. Kabacoff, R.; Peters, H. (1998), p. 6; vgl. Kabacoff, R. (1998), p. 4.
[243] Vgl. Kabacoff, R.; Peters, H. (1998), p. 6.

4.4.2.3   Zweite Studie zur Führung im Top Management

Eine weitere MRG-Untersuchung bezog sich im Speziellen auf Frauen im Top Management.

Die bereits unter 4.4.2.1 beschriebene Vorgehensweise fand auch bei dieser Studie Einsatz. Aus der MRG-Datenbank identifizierten die Forscher 172 Führungskräfte. 50% weiblich, 50% männlich. Diese mussten wiederum als Paar die gleichen Merkmale wie gleiche Position, gleiches Unternehmen usw. aufweisen. Anhand des MRG-Fragebogens und der 360-Grad-Beurteilung durch Vorgesetzte, Kollegen und Mitarbeiter kam viel Datenmaterial zusammen.[244]

Die Ergebnisse zeigten, dass die Differenzen im Führungsverhalten von Frauen und Männern auf dieser Managementebene geringer und kleiner waren, als jene zwischen Frauen und Männern auf niedrigeren Führungsebenen.[245]

Die Wahrnehmung der Befragten über weibliche Führungskräfte beinhaltete Aussagen darüber, dass die Frauen auch in dieser Position wenig Aufwand betreiben ihre Emotionen unter Kontrolle zu halten. Auch lassen sie andere wissen, was sie denken und fühlen. Besonders die Mitarbeiter beschrieben, dass Top Managerinnen in höherem Maße mit Energie, Intensität und emotionalem Ausdruck handeln und führen. Ebenso haben sie bessere Fähigkeiten andere an einer Sache zu begeistern und ihnen das Gefühl von Einbezogenheit zu vermitteln. Die Vorgesetzten und Kollegen der Führungsfrauen beschrieben sie als geeigneter zur Termineinhaltung und Überwachung von Arbeitsausführung und -fortschritt. Zudem erklärten die Vorgesetzten Führungskräfte als bestimmter und kämpferischer in ihrer Einstellung zur Zielerreichung. Ebenso neigen sie nach Meinung der Chefs stärker dazu einer Person direkt zu sagen, was sie über diese denken.[246]

Im Gegensatz zu niedrigeren Ebenen wurden Top Managerinnen genauso strategisch denkend und risikobereit eingeschätzt wie ihre männlichen Kollegen. Diese Eigenschaften werden als wichtigs-

---

[244] Vgl. Kabacoff, R.; Peters, H. (2002), pp. 2; vgl. Kabacoff, R. (2000), pp. 1.

[245] Vgl. Kabacoff, R.; Peters, H. (2002), p. 3.

[246] Vgl. Kabacoff, R.; Peters, H. (2002), p. 3.

te Kompetenzen für Top Führungskräfte angesehen. Daher ist anzunehmen, dass jene Führungsfrauen, die es durch die gläserne Decke schafften, gelernt haben eine analytische, langfristige und umfassende Methode zur Problemlösung als ihre Schlüsselqualifikation aufzubauen.[247]

Unterschiede zeigten sich aber bei der Einstellung der Chefs dahingehend, dass sie tatkräftige männliche Führungskräfte der Top-Ebene als besonders fähig bezeichneten. Dieselbe Eigenschaft wurde bei weiblichen Führungskräften aber nicht belohnt. Ihnen sprachen die Vorgesetzten eine hohe Befähigung dann zu, wenn sie sich um die Bedürfnisse der Mitarbeiter kümmerten und aktives Interesse an den Mitarbeitern zeigten.[248]

Obwohl also der Unterschied zwischen Führungsfrauen und - männern des Top Managements bei der Frage nach den Führungsfähigkeiten eher gering ausfiel, wurden wiederholt die soft skills eher den weiblichen als den männlichen Führungskräften zuerkannt und auch gewünscht.[249]

4.4.3 Studie von Lawrence A. Pfaff & Associates

Eine weitere Studie aus dem amerikanischen Raum, die u.a. auch *Assig* und *Beck* in ihrer Forschungsreihe berücksichtigten,[250] stammt von *Lawrence A. Pfaff & Associates*, einem Human Resource Consultingunternehmen in den USA.

Den Grundgedanken für die Untersuchungen beschreibt *Lawrence Pfaff*, der diese Studien durchführte, wie folgend: „In terms of motivating and leading the workforce of today, who is best for the job? Men or women?"[251]

---

[247] Vgl. Kabacoff, R.; Peters, H. (2002), p. 4.
[248] Vgl. Kabacoff, R.; Peters, H. (2002), p. 5.
[249] Vgl. Kabakoff, R. (2000), p. 4.
[250] Vgl. Assig, D.; Beck, A. (2001), S. 14; vgl. Grabitz, I. (2003), S. 236.
[251] Pfaff, L (o.J.).

4.4.3.1 Vorgehensweise

Eine fünf Jahre dauernde umfangreiche Studie über die Führungsfähigkeiten von weiblichen und männlichen Managern sollte eine Antwort auf diese Frage finden. Im Zeitraum zwischen 1993 und 1998[252] wurde Datenmaterial von 2.482 Führungskräften aller Führungsebenen gesammelt. Davon waren 1.727 männlichen, 755 weiblichen Geschlechts. Insgesamt nahmen 459 Organisationen aus 19 Ländern an dieser umfassenden Studie teil.[253]

Für seine Untersuchungen wählte *Pfaff* das *Management-Leadership Practices Inventory*, kurz MLPI. Das Instrument misst das jeweilige Fähigkeitslevel der untersuchten Führungskräfte. Dabei können 85 Punkte in 20 Eignungsgebieten vergeben werden. Das MLPI soll ein objektives Feedback über die wahrgenommene Führung darstellen. Es ist ein „reliable, valid measure of management and leadership behavoir."[254] Als eine 360-Grad-Beurteilung beinhaltet das MLPI die Datenbestandsaufnahme über Selbsteinschätzungen der Führungskräfte, Meinungen des jeweiligen Vorgesetzten und der direkten Mitarbeiter. Ziel der Untersuchung war, das Können der Führungskräfte in 20 verschiedenen Fähigkeitsgebieten zu messen, die wiederum in drei Kategorien eingeteilt werden können: Management Practices, Interpersonal Style und Leadership Practices.[255]

Die drei Kategorien mit ihren insgesamt zwanzig Fähigkeitsmerkmalen beschreiben sich wie folgt.

Management Practices: Zu dieser Kategorie gehören neun Faktoren, die durch das MLPI gemessen werden. Diese neun Größen sind grundlegende Aspekte, die allgemein als wesentlich für erfolgreiches Management und Personalverantwortung im beruflichen Umfeld erachtet werden.[256]

---

[252] Vgl. Pfaff & Associates (2001); vgl. Pfaff & Associates (1999).
[253] Vgl. Pfaff, L (o.J.); vgl. Pfaff & Associates (2001); vgl. Pfaff & Associates (1999).
[254] Pfaff & Associates (2001).
[255] Vgl. Pfaff, L (o.J.); vgl. Pfaff & Associates (2001); vgl. Pfaff & Associates (1999).
[256] Vgl. Pfaff & Associates (1999).

- Goal Setting: Fähigkeit, individuelle und teambezogene Ziele klar zu kommunizieren
- Planning: Fähigkeit, die Arbeit der Abteilung so zu organisieren und zu planen, dass ein reibungsloser Ablauf sichergestellt wird
- Technical Expertise: Generelles Level des Fachwissens, das eine Führungskraft zeigt
- Performance Standards: Zeigt, ob der Manager hohe, realistische Leistungsstandards setzt und die Mitarbeiter dazu anregen kann ihr bestes zu geben
- Coaching: Beleuchtet, ob der Vorgesetzte seine Mitarbeiter aktiv coacht oder ihnen anderweitig die Chance zum Erlangen notwendiger Fähigkeiten für eine gute Leistungserfüllung ermöglicht
- Evaluating Performance: Hinweis auf die Häufigkeit und Qualität des Feedbacks, das ein Manager seinen Unterstellten gibt
- Facilitating Change: Misst, wie gut eine Führungskraft den Informationsstand ihrer Leute über Veränderungen am Arbeitsplatz aufrecht erhält
- Delegation: Beschreibt, wie umfangreich der Vorgesetzte seinen Mitarbeitern Eigenverantwortung und selbst bestimmte Aufgabenerfüllung zuerkennt
- Recognition: Kennzeichnet, ob der Chef seine Mitarbeiter für ihre Leistungen belohnt und wenn, ob die Belohnung zeitnah erfolgt[257]

Interpersonal Style: Unter dieser Kategorie gibt es drei Aspekte, die durch MLPI bewertet werden. Sie beeinflussen die Art und Weise des täglich auszuführenden Managements und der Personalführung.[258]

- Approachable: Hinweis, ob die Mitarbeiter gut mit ihrem Vorgesetzten reden können, ob dieser freundlich ist und ihnen wirklich zuhört

---

[257] Vgl. Pfaff & Associates (1999).
[258] Vgl. Pfaff & Associates (1999).

- Directive: Deutet an, ob der Manager seine Mitarbeiter genau ü-
  berwacht und versucht die Aktivitäten der Mitarbeiter streng zu
  kontrollieren

- Participative: Reflektiert das Maß an Einbeziehung und Investitio-
  nen der Mitarbeiter nach der eine Führungskraft strebt[259]

Leadership Practices: Hierzu zählen acht Aspekte. Es sind Fähigkeiten, die eine Führungskraft über die prinzipielle Überwachung ihrer Mitarbeiter hinaus besitzen muss. Dazu gehören:[260]

- Strategy: Zeigt das Ausmaß, in wie weit der Manager die langfris-
  tigen Ziele versteht und kommuniziert und die zukünftige Richtung in die Organisation gehen soll

- Communication: Hinweis auf den Umfang der schriftlichen und
  verbalen Fähigkeiten der Führungskraft

- Teamwork: Kennzeichnet, wie gut ein Vorgesetzter Kooperation
  innerhalb der Gruppenarbeit fördert

- Empowering Employees: Zeigt, ob die Führungskraft Vertrauen in
  ihre Mitarbeiter hat und sie mit den notwendigen Mitteln für die
  Arbeit versorgt

- Trust: Ausmaß, in dem der Chef eine vertrauensvolle Atmosphäre
  in der Arbeitsgruppe fördert

- Resourcefulness: Deckt auf, ob die Führungskraft weiß, wie Aufgaben erledigt werden und Mittel zur Zielerfüllung bereitgestellt
  werden

- Self Confidence: Zeigt Selbstvertrauen und positive Einstellung
  des Vorgesetzten

- Decisiveness: Deutet darauf hin, ob die Führungskraft Probleme
  sofort in Angriff nimmt und Willens ist bei beruflichen Problemen
  zu intervenieren[261]

---

[259] Vgl. Pfaff & Associates (1999).
[260] Vgl. Pfaff & Associates (1999).
[261] Vgl. Pfaff & Associates (1999).

Anhand dieser Kategorien und Unterkategorien wurden nun die Führungskräfte, Vorgesetzten der Führungskräfte und Mitarbeiter befragt.

4.4.3.2   Ergebnisse

Zu den Ergebnissen der Studie sagte *Lawrence Pfaff*: „[...] the results are more convincing than ever"[262] und „Once again, women outscored the men."[263]

Weibliche Führungskräfte wurden von ihren Vorgesetzten und Mitarbeitern besser als ihr männliches Pendant beurteilt. Ebenso gaben sich die Führungsfrauen selbst höhere Werte als die männlichen Führungskräfte sich selbst.[264] Aber nicht nur auf dem Gebiet der soft skills, wie Kommunikation, Teamwork, Feedback und Empowerment, das als Metier der Frauen gilt, wurden die weiblichen Führungskräfte besser eingeschätzt. Auch beurteilte man sie u.a. als entschlossener und besser in der Zielsetzung und Planung.[265]

Die Mitarbeiter schätzten weibliche Führungskräfte in siebzehn von zwanzig Fähigkeitsgebieten höher ein als männliche Führungskräfte. Fünfzehn davon auf einem statistisch bedeutungsvollen Niveau. In den drei Bereichen Technical Expertise, Delegation und Self-confidence gingen die Analysen für Frauen und Männer punktgleich aus.[266]

Die Vorgesetzten schätzten weibliche Manager in sechszehn von zwanzig Aspekten höher ein als das männliche Pendant. Alle sechszehn auf einer statistisch wichtigen Stufe. Im Bereich Directive bewerteten die Vorgesetzten männliche Führungskräfte höher.[267]

---

[262] Pfaff & Associates (2001).

[263] Pfaff & Associates (2001).

[264] Vgl. Pfaff & Associates (2001); vgl. Pfaff, L (o.J.).

[265] Vgl. Pfaff, L (o.J.); vgl. Pfaff & Associates (2001).

[266] Vgl. Pfaff & Associates (1999); vgl. Pfaff & Associates (2001); vgl. Pfaff, L (o.J.).

[267] Vgl. Pfaff & Associates (1999); vgl. Pfaff & Associates (2001); vgl. Pfaff, L (o.J.).

Die Antworten der Chefs der Führungskräfte zeigen, dass diese ganz genau um die guten und umfassenden Fähigkeiten und Charaktermerkmale ihrer weiblichen Führungskräfte wissen.[268] Dann stellt sich aber die Frage, warum diese Frauen nicht mehr Chancen im Unternehmen bieten.[269]

Bei der Selbsteinschätzung gaben sich die Frauen selbst auf vierzehn Gebieten höhere Punkte, die alle das statistisch relevante Niveau erreichten. Auf den verbleibenden sechs Gebieten lagen Frauen und Männer gleich auf.[270]

Die statistische Tragweite dieser Daten ist nach Meinung *Pfaffs* dramatisch. Betrachtet man sich die gesamte Periode der Datenerhebung mit mehr als 2.400 Personen, wurden Männer durchschnittlich von keinem der Beurteiler in irgendeinem der gemessenen Gebiete bedeutsam höher eingeschätzt.[271]

Für *Pfaff* scheint es so, als ob Frauen in den letzten Jahren die als männlich bezeichneten Führungsstärken zusätzlich zu ihren eigenen angenommen haben. Die Männer aber im Gegenzug in derselben Zeit nicht die typisch weiblichen Eigenschaften in ihrem Führungsverhalten akzeptiert haben. *Pfaff* bedauert dies. Denn die Arbeitswelt braucht verstärkt eine unterstützende, auf Zusammenarbeit ausgerichtete Arbeitsweise, um Ziele zu verwirklichen. Es scheint, als ob Frauen besser für diese Art der Führung mit Veränderung von Gruppenprozessen, Mitarbeitermotivation und Verfolgung der Zielerreichung vorbereitet sind. Männer, so die Vermutung, verlassen sich immer noch auf einen stärker autokratischen Stil, Betonung individueller Fertigkeiten und Wettbewerb. Könnte es sein, dass Frauen diese verschiedenen Fähigkeiten effektiver kombinieren?[272]

---

[268] Vgl. Pfaff & Associates (1999); vgl. Pfaff & Associates (2001).
[269] vgl. Pfaff, L (o.J.).
[270] Vgl. Pfaff & Associates (1999); vgl. Pfaff & Associates (2001); vgl. Pfaff, L (o.J.).
[271] Vgl. Pfaff & Associates (1999); vgl. Pfaff & Associates (2001).
[272] Vgl. Pfaff, L. (o.J.).

Die genauen Ergebnisse der Studie von *Lawrence A. Pfaff & Associates* sind in Anlage 4 bis 7 zu finden.

4.5 Zwischenfazit

Die Führung der wenigen Frauen im Management vor ca. 20 bis 40 Jahren wird sehr unterschiedlich aufgefasst. Die eine Vermutung führt zu der Annahme, dass Frauen, da sie in einem männerdominierten Management bestehen mussten, ihr Führungsverhalten männlichen Handlungsweisen anglichen. Diese äußerte sich durch Kontrolle, Rationalität, Härte und Dominanz im Umgang mit den Untergebenen. Führungskräfte sahen ihre Mitarbeiter weder als gleichberechtigte Partner noch als wichtiges Unternehmenspotenzial. Zusätzlich erschwerten die Rollenklischees über weibliche und männliche Lebensweisen damaliger Zeiten führungswilligen Frauen eine individuelle Form der Führung. Einige Studien aus diesen Jahren diagnostizierten bei Frauen und Männern eine gleiche Art der Führung. Dies könnte daran liegen, dass weibliche Vorgesetzte ihr Führungsverhalten tatsächlich männlichen Zügen anpassten. Oder es könnte ebenfalls möglich sein, dass falsche Erhebungsweisen ein ungenaues oder stark in eine bestimmte Richtung gelenktes Ergebnis hervorbrachten. Gleichzeitig kann auch vermutet werden, da Frauen jegliche Führungskompetenz abgesprochen wurde, dass das Verhalten der wenigen Führungsfrauen wie das der Männer sein musste, da sie sonst nicht in eine solche Position gelangen konnten.

Die andere Auffassung geht davon aus, dass weibliche Chefs sehr wohl Potenzial zur Führung besaßen und diese sich gar von dem Führungsstil und -verhalten der männlichen Vorgesetzten unterschied. Diese Seite vermutet, dass sich die weibliche Mitarbeiterführung durch informelles Vorgehen und offene Kommunikation, Partizipation, Verantwortungsdelegation an die Mitarbeiter und Teamorientierung auszeichnete. Die Frauen nutzten ihre Sozialkompetenzen, um abweichend von einer sehr bürokratischen Unternehmensstruktur die Kapazitäten der Ressource Mitarbeiter in größerem Umfang voll und ganz auszuschöpfen. Sie fundamentierten ihre Führung nicht einfach durch festgeschriebene Autorität und Befehl-Gehorsam, sondern zeigten wirkliches Interesse, Offenheit und Sensibilität gegenüber den Mitarbeitern. Es muss also auch Frauen gegeben haben, die sich auf ihre persönliche menschenbezogenere Art der Führung verlassen haben, um wirtschaftliche Erfolge für das Unternehmen zu erzielen.

Bei der Betrachtung der Studien, Forschungsergebnisse und Veröffentlichungen zum Thema Frauen und Führung in der heutigen Zeit wird deutlich, dass es wiederum keine einheitliche Meinung über die Führung weiblicher Vorgesetzter gibt. Und auch nicht geben kann. U.a. Situationstheorie und Individualität jedes Menschen schließen eine einheitliche oder geschlechtsspezifische Führung aus.

Die Auffassung, dass Frauen nicht führen können, gilt, z.B. bestätigt durch die Führungsforschung, seit langem als überholt. Sie macht darauf aufmerksam, dass sowohl Männer als auch Frauen das gleiche Führungspotenzial besitzen. Viel leichter lässt sich sagen, dass bestimmte Menschen im Allgemeinen, also Frauen wie Männer, eine höhere Befähigung besitzen Menschen anzuleiten als andere Menschen.

Wie bereits erwähnt, ist eine Fülle von Informationen, Erfahrungsberichten, mehr oder weniger wissenschaftliche Untersuchungen u.v.m. zum beschriebenen Thema erhältlich. Wiederum teilt sich die Auffassung über eine geschlechtsspezifische Führung in zwei klare Meinungen.

Die eine Seite geht davon aus, dass es keine Unterschiede zwischen weiblicher und männlicher Führung gibt. D.h. aber nicht unbedingt, dass die Führung noch in gleicher Weise erfolgt wie vor 40 Jahren. Sondern in Verbindung mit der heute gängigen Führungsweise, ausgelöst durch Wertewandel und Unternehmensstrukturen, lassen sich keine oder nur sehr geringe, darum irrelevante Differenzen feststellen.

Die andere Seite geht davon aus, dass Unterschiede erkennbar sind. So zeichnet sich die Führung weiblicher Führungskräfte durch Partizipation, offene und aktive Kommunikation und Information, Verantwortungsdelegation an Mitarbeiter und Mitsprache bei der Lösungsfindung. Ebenso wird vermutet, dass Frauen im Allgemeinen beziehungsorientierter als Männer sind, und Führungsfrauen diese Charaktermerkmale in die Pflege der Teamstrukturen einfließen lassen und deshalb auch weniger an hierarchischen Gefügen, sondern mehr an Netzstrukturen in Unternehmen interessiert sind.

Dadurch fällt es ihnen auch durch ihr Einfühlungsvermögen leichter private Probleme von Mitarbeitern zu verstehen und ihnen zu helfen diese zu lösen bzw. diese Situation an arbeitstechnische Gegebenheiten anzupassen. Untersuchungen, welche die Kompetenz weiblicher und männlicher Manager prüften, kamen zu dem Ergebnis, dass in einer überdeutlichen Anzahl von allgemeinen und führungsbezogenen Aufgaben Frauen gegenüber ihren männlichen Pendants ein besseres Ergebnis erzielten.

4.6 Führungsverhalten als Determinante der Unterrepräsentation weiblicher Führungskräfte im Top Management

Tendenziell ist das Top Management, verantwortlich für die Gesamtleitung eines Unternehmens,[273] mit nur wenigen weiblichen Führungskräften besetzt. Ob das Führungsverhalten der Frauen als Ursache für diese Unterrepräsentation gesehen werden kann, oder ob es andere Gründe gibt, soll nun geklärt werden.

Neben der Führung von Mitarbeitern müssen Führungskräfte des Top Managements auch das Unternehmen im Ganzen steuern. Sie führen das Unternehmen durch Strategien und Ziele zu Erfolgen. Die strategische Führung des Top Managements legt die Rahmenbedingungen und -politik für Unternehmen und Unternehmensbereiche fest.[274]

Die Mitarbeiterführung durch Frauen, die in ähnlicher Weise wie Männer führen, kann dem zu Folge nicht als Aspekt gegen eine Beteiligung weiblicher Führungskräfte am Top Management angesehen werden.

Ebenso kann angeführt werden, dass eine von männlicher Führung variierende Mitarbeiterführung durch Frauen, wie in den vorangegangenen Kapiteln beschrieben, ebenfalls nicht Ursache für eine Unterrepräsentation im Top Management sein kann. Denn vorhandene Unterschiede werden stärker als positiv denn negativ für Mitarbeiter und Unternehmen gesehen.

---

[273] Vgl. Janz, A. (1999), S. 10.
[274] Vgl. Rahn, H.-J. (2002), S. 39.

Bei einer Betrachtung der Ergebnisse der Management-beratungsfirmen wird deutlich, dass Frauen nicht nur in der Mitarbeiterführung, sondern in allen Managementkompetenzen mindestens gleich gut, wenn nicht sogar besser als die Männer abschneiden. Mangelnde strategische Fähigkeiten können also auch kein wirkliches Motiv für eine Unterrepräsentation von Frauen im Top Management sein, auch wenn diese Argumentation manches Mal zur Diskriminierung weiblicher Führungskräfte hervorgebracht wird.

Die Annahme liegt nun nahe, dass andere Motive für eine geringe Beschäftigung weiblicher Vorgesetzter als Vorstand, Geschäftsführer etc. verantwortlich sind.

Friedel-Howe vermutet, dass die drei Faktoren Gesellschaft, Kultur des Unternehmens aber auch die Frauen selbst als Hürden auf dem Weg ins Top Management verstanden werden müssen.[275]

Der Faktor Gesellschaft wird, wie bereits in vorangegangenen Kapiteln beschrieben, immer noch von Rollenklischees bedient. Besonders das Top Management, als letzte Bastion der Männer, wo Vorstand und Aufsichtsrat als urtypische Form des männlichen Managers regieren, lässt für viele die typische Frau als unpassend für diese Arbeit erscheinen. Hier scheinen, viel stärker noch als auf den anderen Managementebenen, männliche Aspekte wie Härte, Durchsetzungsfähigkeit, Aggressivität und Dominanz zu zählen.

Eine ganz besonders hohe Hürde auf dem Weg ins Top Management liegt in der Art und Weise der Besetzung von Positionen auf dieser Ebene, also zum Teil an der Unternehmenskultur. Die Chance hier einen Platz zu ergattern, liegt an dem Zugang zu Netzwerken und guten Beziehungen. Netzwerke, auch *Old Boys*-Network genannt, sind, wie der Name vermuten lässt, unter Männern in solchen Positionen weit verbreitet. Die Beziehungen innerhalb dieser Seilschaften oder Ingroups wurden über Jahrzehnte geknüpft und gefestigt. Aber leider nur unter Männern und nicht unter oder zusammen mit Frauen. Aus solchen Riegen werden Bewerber für das

---

[275] Vgl. Friedel-Howe, H. (1989) nach Lovenduski, J.; Stephenson, S. (1999), S. 20.

Top Management rekrutiert. Frauen haben dadurch das Nachsehen. Netzwerke unter Frauen wurden erst vor einigen Jahren erdacht.[276]

Ebenfalls muss bedacht werden, dass Frauen die Möglichkeit zu Studium und Beruf noch nicht sehr lange gegeben ist. Für einen beruflichen Aufstieg auf diese Führungsebene sind aber oft Jahre notwendig.[277] Dies ist möglicherweise auch eine Ursache, dass Frauen aus zeitlichen und zahlenmäßigen Gründen noch nicht die Kapazitäten bereithalten, um im Top Management auffällig präsent aufzutreten.[278] Ebenso sind Frauen, die zwar ein Studium und dadurch die notwendige Qualifikation für eine solche Aufgaben mitbrachten, wiederum aus Geschlechtsrollenzuweisung für Familie und Haushalt aus dem beruflichen Leben ausgeschieden.[279]

Es ist falsch davon auszugehen, dass Frauen gar nicht ins Top Management wollen. Oft sind sie ambitionierter als Männer dieses Ziel zu erreichen, wie die Studie zweier amerikanischer Wirtschaftsinstitutionen, The Catalyst[280] und The Conference Board,[281] mit Daten aus 20 Ländern Europas zeigte.[282]

Die Befragung wurde mit 500 weiblichen und 132 männlichen Managern der Top Managementebene aus Unternehmen mit mindestens
900 Beschäftigten und mehr als 125 Millionen Euro Umsatz durchgeführt.[283]

Ziel der Befragung war es, die Erfahrungen und Ansichten zum Thema Karriere und Frau der Führungskräfte zu eruieren. Eines der Ergebnisse war die Feststellung, dass Frauen sehr ehrgeizig sind. „Jede dritte der befragten Managerinnen […] äußerte den klaren Wunsch, ins Top Management ihres Unternehmens aufzusteigen."

---

[276] Vgl. Prellberg, M. (2003), S. 16; vgl. Einfeldt, A. (2004), S. Report; vgl. Steins, G. (2003), S. 49.

[277] Vgl. Eltaewa, A. et al. (2002), S. 19.

[278] Vgl. Westerholt, B. (1998), S. 23.

[279] Vgl. Eltaewa, A. et al. (2002), S. 19.

[280] Laut Buchhorn, E. (2002) eine der wichtigsten Non-Profit-Organisationen zur Förderung von Frauen in der Wirtschaft.

[281] Laut Buchhorn, E. (2002) einer der führenden Management-Think-Tanks der USA.

[282] Vgl. Buchhorn, E. (2002).

[283] Vgl. Buchhorn, E. (2002).

Allerdings sind die Hürden auf dem Weg nach oben in allen Ländern nahezu identisch. Die meisten der befragten Frauen (ca. 67%), im Gegensatz zu den Männern (ca. 33%), sehen geschlechtsspezifische Vorurteile immer noch als Haupthindernis auf dem Weg ins Top Management. Daneben sehen Frauen wie Männer ein weiteres Hindernis darin, dass die meisten weiblichen Führungskräfte noch nicht genug Erfahrung mitbringen würden.[284]

Abschließend kann festgestellt werden, dass es nicht an der Mitarbeiterführung weiblicher Managerinnen liegt, dass sie in nur geringer Zahl in oberen Führungsetagen vertreten sind. Die Ursachen liegen wie beschrieben, auf ganz anderen Bereichen.

---

[284] Vgl. Buchhorn, E. (2002).

5 Schlussbetrachtung und Überlegungen für die Zukunft

Dass Frauen nicht führen wollen oder können steht wohl inzwischen außer Frage. Die Frage nach dem Wie ist schon schwerer zu beantworten.

Zu viele Einflüsse, angefangen von der Situation im Unternehmen bis zur Situation des Befragten, prägen das Ergebnis über die Spezifika der weiblichen Mitarbeiterführung. So zeigen Manager unter extremen Bedingungen wie Gefahr, Zeitdruck, Ressourcenknappheit etc. möglicherweise ein anderes Führungsverhalten als in einer optimalen Situation. *Livingston* äußerte sich zu dieser Problematik wie folgt: „Management is a highly individualized art. What style works well for one manager in particular situation may not produce the desired results for another manager in a similar situation, or even for the same manager in a different situation. There is no best way for all managers to manage in all situations. Every manager must discover for himself, therefore, what works and what does not work for him in different situations. (…) He must develop his own natural style and follow practices that are consistent with his own personality."[285] Auch wenn er sich zu Zeiten seiner Aussage auf männliche Führungskräfte bezog, gilt seine Vermutung genauso zu unserer heutigen Zeit und vor allem für die Gesamtheit der Führungskräfte. Ob männlich oder weiblich spielt dabei keine Rolle.

Doch steht die Frage, ob Frauen einer speziellen Führung nachgehen weiterhin im Raum.

Aber bereits die Untersuchungsmethodik ist dabei kritisch zu bewerten. So können Studien, die auf einer zu kleinen Anzahl von Teilnehmern basieren, das Vertrauen auf anekdotische Daten legen oder bei denen die Kontrolle der wichtigen Variablen wie Alter, Führungsebene, Aufgabenbereich und Erfahrung fehlt, Daten verfälschen und sie dadurch unbrauchbar machen. Trotzdem kommen solche Ergebnisse immer wieder in Umlauf und stellen einen recht fragwürdigen Erkenntnisstand dar.

---

[285] Livingston, S. J. (1971) nach Preuss, E. (1986), S. 391.

Andere Studien, die ihr Möglichstes tun so viele Einflüsse wie möglich auszuschließen und versuchen nur Führungsfrauen und -männer mit gleichen Bedingungen und gleicher Ausgangsbasis zu erforschen, können wohl ein eindeutiges und korrektes Ergebnis erzielen. Diese Studien besagen, dass weibliche Führungskräfte durch Energie, Intensität und Emotionalität mehr Ausdruck in die Mitarbeiterführung bringen. Die Managerinnen begeistern ihre Mitarbeiter für die Arbeit, indem sie die Teammitglieder in die Arbeitsschritte mit einbeziehen. Auch versuchen sie enge Arbeitsbeziehungen aufzubauen und zeigen Interesse an der Person des einzelnen Mitarbeiters auch dadurch, dass sie an dessen Weiterentwicklung aktiv partizipieren. Durch die Fähigkeiten des effektiven Zuhörens und Einfühlungsvermögens wird ihnen ein besonderes Talent im Umgang mit Menschen zugeschrieben. Weibliche Führungskräfte werden als aufrichtiger und unvoreingenommener als ihre männlichen Kollegen beschrieben. Mit Tatkraft nehmen sie sich einer Aufgabe an und erfüllen diese. Unbestritten kann wohl auch gesagt werden, dass die Mehrheit der Managerinnen bei ihrer Mitarbeiterführung, wenn es die Bedingungen zulassen, stärker auf Beziehungsorientierung achten. Ihnen liegt sehr viel an gleichberechtigten Teamstrukturen und sie agieren gegenüber ihren Mitarbeitern verantwortungsvoll.

Dies ist für Führungskräfte heute und in Zukunft wichtig. Denn sie müssen sowohl auf sachlicher als auch emotionaler Ebene handeln können. Da Frauen nach den oben beschriebenen Studien beides mitbringen, muss ihnen als Führungskraft mehr Aufmerksamkeit entgegengebracht werden. Denn es stellt sich die Frage, ob es sich eine Volkswirtschaft leisten kann in Zeiten von Führungskräftemangel und War of Talents das weibliche Führungskräftepotenzial zu verschenken. Unter ökonomischen Aspekten wäre es ein Desaster. Unternehmen müssen die Chance Frau für Managementaufgaben erkennen und nicht vor vermeintlich negativen Gesichtspunkten, wie Mutterschaft zurückschrecken. Männer können zwar keine Kinder bekommen, aber sie streben immer mehr auch nach der Möglichkeit mehr Zeit als noch vor ein paar Jahren mit ihrem Nachwuchs zu verbringen. Hierfür müssen betriebliche und gesellschaftliche Bedingungen geschaffen werden, die es mehr Frauen ermöglichen Karriere und Familie in ihrem Leben zu vereinen ohne auf eines von beiden verzichten zu müssen.

Als beispielhaft hat sich dabei z.B. Frankreich hervorgetan. Dort erkannte man, dass der Nachwuchs eine Investition für die Zukunft des Landes darstellt und erklärte die Betreuung der Kinder zur staatlichen Aufgabe. Als Nebeneffekt konnte ein Anteil von 30% weiblicher Managerinnen in Führungspositionen erzielt werden. Der höchste Anteil in ganz Europa.[286] Kinder werden dort nicht, wie oft hierzulande, als Übel, sondern als Chance gesehen. Frauen, die ihren Nachwuchs auch schon kurz nach der Geburt in fremde Betreuung geben, gelten nicht als Rabenmütter. Sie haben die Möglichkeit ihren Beruf fortzusetzen ohne einen Karriereknick befürchten zu müssen. Solche Maßnahmen müssen speziell auch in Deutschland ergriffen werden, um Frauen nicht weiterhin vor die Entscheidung Kind oder Karriere zu stellten, sondern ihnen die Möglichkeit für beides zu geben.

Denn wenn die Gesellschaft schon gut ausgebildete Frauen hervorbringt, die ein neues Fundament bilden, und die aktiv Führung übernehmen wollen, sollte ihnen diese Möglichkeit auf keinen Fall verwehrt bleiben. Das heißt aber auch, dass wie nach *Krell* „[…] das Jagen nach und Sammeln von Erkenntnissen über die ‚wahren Geschlechtsunterschiede' in Führungseigenschaften, -verhalten und -erfolg"[287] beendet werden muss. Denn gute und schlechte Manager unterscheiden sich nicht durch ihr Geschlecht, sondern durch ihre Persönlichkeit.

---

[286] Vgl. Fuchs, S. et al. (2004), S. 49.
[287] Krell, G. (2002), S. 97; vgl. Krell, G. (2004), S. 387.

Literatur- und Quellenverzeichnis

Accenture (2002): Frauen und Macht; http://www.accenture.de > Publikationen > Studien > Frauen und Macht, abgefragt am 16.10.04

Assig, D.; Beck, A. (2001): Was hat sie, was er nicht hat? Forschungsergebnisse zu den Erfolgen von Frauen in Führungspositionen, in: Frauen in Führungspositionen, 1. Auflage, Assig, D. (Hrsg.), Deutscher Taschenbuch Verlag, München

Bandhauer-Schöffmann, I. (2000): Die österreichische Vereinigung der Unternehmerinnen, in: Unternehmerinnen: Geschichte und Gegenwart selbständiger Erwerbstätigkeit von Frauen, Bandhauer-Schöffmann, I.; Bendl, R. (Hrsg.), Peter Lang Europäischer Verlag der Wissenschaften, Frankfurt

Banfield, E. E. (1976): Women in Middle Management-Positions, United States International University

Baumgart, F. (Hrsg.) (2000): Theorien der Sozialisation, 2., durchgesehene Auflage, Julius Klinkhardt Verlag, Bad Heilbrunn

Benard, C.; Schlaffer, E. (1999): Rückwärts und auf Stöckelschuhen, Heyne Verlag, München

Benard, C.; Schlaffer, E. (2003): Supermacht Mann oder Das Ende der Vernunft, Verlag Carl Ueberreuter, Wien

Bischoff, S. (1986): Männer und Frauen in Führungsposition in der Bundesrepublik Deutschland, Capital (Hrsg.), Köln

Bischoff, S. (1999): Männer und Frauen in Führungspositionen der Wirtschaft in Deutschland, Deutsche Gesellschaft für Personalführung e.V. (Hrsg.), Wirtschaftsverlag Bachem, Köln

Bischof-Köhler, D. (2002): Von Natur aus anders, 1. Auflage, Verlag W. Kohlhammer, Stuttgart Berlin Köln

Bodenhausen, G. V.; Wyer, R. S. (1985): Effects of stereotypes on decision making and information-processing strategies, Journal of Personality and Social Psychology, 48, pp. 267-282

Boulgarides, J. D. (1984): A Comparison of Male and Female Business Managers, in: Leadership and Organization Development Journal, pp. 27-31

Brehm, S. S. et al. (1999): Social Psychology, Hougthon Mifflin Company, New York Boston

Buchhorn, E. (2002): Die ausgebremste Karriere, 26.06.02, http://www.manager-magazin.de/koepfe/artikel/0,2828,2017900,00.html, abgefragt am 23.08.04

Cohen, S. S. (1990): Sanfte Macht, Ernst Kabel Verlag, Hamburg

Dienel, Ch. (1996): Frauen in Führungspositionen in Europa, Verlag Deutsches Jugendinstitut, München

Dobner, E. (1997): Wie Frauen führen, I. H. Sauer-Verlag, Heidelberg

Dobner, E. (2001): Frauen in Führungspositionen, I. H. Sauer-Verlag, Heidelberg

Drumm, H. J. (1992): Personalwirtschaftslehre, 2. Auflage, Berlin Heidelberg

DUDEN (1990): Das Fremdwörterbuch, 5., neu bearbeitete und erweiterte Auflage, Dudenverlag, Mannheim Wien Zürich

Dummer-Smoch, L. (1991): Geschlechtsunterschiede bei Lernstörungen und Lernschwächen, in: Mädchen und Jungen - Mann und Frau: Geschlechtsspezifika von Verhalten und Erziehung? Ulrich, W. (Hrsg.), Verlag Peter Lang, Frankfurt am Main

Eagly, A. H.; Steffen, V. J. (1986): Gender and aggressive behaviorh: A meta-analytic review of the social psychological literture, in: Psychological Bulletin, 100, (3), pp. 309-330

Echter, D. (1994): Lust auf Macht?, ECON Taschenbuch Verlag, Düsseldorf

Einfeldt, A. (2004): Weiblicher Bevölkerung fehlt „Netzwerk", 08.03.04, Lohrer-Echo, Nr. 58, Verlag Main-Echo, Aschaffenburg

Eltaewa, A. et al. (2002): Frauen in Führungspositionen, Shaker Verlag, Aachen

Fausto-Sterling, A. (1988): Gefangene des Geschlechts? Was biologische Theorien über Mann und Frau sagen, R. Piper, München Zürich

Fischer, B. (2003): Vorwort, in: Führungsfrauen in Nordrhein-Westfalen, Ministerium für Gesundheit, Soziales, Frauen und Familie des Landes Nordrhein-Westfalen (Hrsg.), Düsseldorf

Fogarty, M. P. et al. (1971): Sex, career and family, London

Friedel-Howe, H. (1989): Mehr Frauen ins Management, in: Personalführung, Heft 5, S. 430-435

Friedel-Howe, H. (1990): Zusammenarbeit von weiblichen und männlichen Fach- und Führungskräften, in: Weibliche Fach- und Führungskräfte, Domsch, M., Regnet, E. (Hrsg.), Schäffer Verlag, Stuttgart

Friedel-Howe, H. (1990a): Ergebnisse und offene Fragen der geschlechtsvergleichenden Führungsforschung, in: Zeitschrift für Arbeits- und Organisationspsychologie, Themenheft: Frau und Karriere, Heft 1/I. Quartal 1990, Hogrefe Verlag für Angewandte Psychologie, Stuttgart

Fuchs, S. et al. (2004): Meine Familie, Meine Firma, Mein Frust, in: Junge Karriere, 09/2004, Verlagsgruppe Handelsblatt, Düsseldorf

Geschwind, N.; Behan, P. (1982): Left Handedness: Associacion with Immune Desease, Migraine, and Developmental Learning Disorders, in: Proceedings of the NationaL Academy of Sciences USA 79

Goos, G.; Hansen, K. (1999): Frauen in Führungspositionen, Waxmann Verlag, Münster

Goos, G.; Hansen, K. (2000): Führungsfrauen in der Wirtschaft, Studie zu Situation, Verhaltensweisen und Perspektiven, Ministerium für Frauen, Jugend, Familie und Gesundheit des Landes Nordrhein-Westfalen (Hrsg.), Düsseldorf

Grabitz, I. (2003): Alpha-Weibchen, in: 101 Frauen der deutschen Wirtschaft, Hrsg.: Keese, Ch.; Münchau, W.; Betriebswirtschaftlicher Verlag Dr. Th. Gabler/GWV Fachverlag, Wiesbaden

Haberkorn, K. (1999): Praxis der Mitarbeiterführung, 9., erweiterte Auflage, expert verlag, Renningen-Malmsheim

Hamer, D.; Copeland, P. (1998): Das unausweichliche Erbe, Scherz Verlag, Bern München Wien

Heilman, M. E. (1983): Sex bias in work settings: The lack of fit model, Research in Organisational Behavior, 5, pp. 269-289

Helgesen, S. (1990): Frauen führen anders, 2. Auflage, Wilhelm Heyne Verlag, München

Hennig, M. (1970): Career Development for Women Executives, Thesis, Grad. School of Business Administration, Harvard University

Hennig, M.; Jardim, A. (1977): The managerial woman, Anchor Press/Doubleday, Library of Congress Cataloging in Publication Data, Garden City, New York

Henry-Huthmacher, C. (1998): Frauen - auf dem Weg an die Spitze, in: Frauen in Führungspositionen, Aktuelle Fragen der Politik Heft 52, Konrad-Adenauer-Stiftung (Hrsg.), Sankt Augustin

Howard, A.; Bray, D. W. (1988): Managerial lives in transition. Advancing age and changing times, New York

Hurrelmann, K. (2000): Sieben Maximen der Sozialisationstheorie, in: Theorien der Sozialisation, Baumgart, F. (Hrsg.), 2., durchgesehene Auflage, Julius Klinkhardt Verlag, Bad Heilbrunn

International Labour Office (2004): Breaking through the glass ceiling, www.fim.de (Vereinigung für Frauen im Management) > Info und News > Studien > International Labour Office, Geneva: Breaking through the glass ceiling, abgefragt am 15.10.04

Jago, A. G.; Vroom, V. H. (1980): Sex Differences in the Incidence and Evaluation of Participative Leader Behavior, Working Paper, Department of Management, Houston, Texas

Janz, A. (1999): Erfolgsfaktor Topmanagement, Betriebswirtschaftlicher Verlag Dr. Th. Gabler, Wiesbaden

Jung, H. (2002): Allgemeine Betriebswirtschaftslehre, 8., überarbeitete Auflage, R. Oldenbourg Verlag, München Wien

Jung, H. (2003): Personalwirtschaft, 5. Auflage, Oldenbourg Wissenschaftsverlag, München

Jung, H. (2004): Allgemeine Betriebswirtschaftslehre, 9. Auflage, Oldenbourg Wissenschaftsverlag, München

Kabacoff, R. (1998): Gender differences in organizational leadership - A large sample study, Research Report by Management Research Group, http://www.mrg.com/Publications/articles/Gender_Paper_1998.pdf, abgefragt am 22.10.04

Kabacoff, R.; Peters, H. (1998): The way women and men lead - Different, but equally effective, Research Report by Management Research Group, http://www.mrg.com/Publications/articles/The_Way_Women-Men_Lead.pdf, abgefragt 22.10.04

Kabacoff, R.; Peters, H. (2002): A New Look at the Glass Ceiling, http://
www.mrg.com/Publications/articles/New_Look_at_the_Glass_Ceiling.pdf,
abgefragt am 22.10.04

Kabakoff, R. (2000): Gender and leadership in the corporate
Boardroom, http://
www.mrg.com/Publications/articles/APA2000.PDF, abgefragt am
22.10.04

Keese, Ch.; Münchau, W. (Hrsg.) (2003): 101 Frauen der deutschen
Wirtschaft, Betriebswirtschaftlicher Verlag Dr. Th. Gabler/GWV Fachverlag,
Wiesbaden

Kimura, D. (1992): Weibliches und männliches Gehirn, in: Spektrum
der Wissenschaft, November, S. 104-113

Klages, H. (1991): Wertewandel: Rückblick, Gegenwertsanalyse, Aus-
blick, in: Personal 2000: Visionen und Strategien erfolgreicher Personalar-
beit, Feix, W. E. (Hrsg.), Wiesbaden

Klammer, G. (2003): Frauen in die Chefetage - aber wie? Powercurity
2002 – Frauenförderung in der bfi.bbrz-gruppe, in: Frauen in die Cefetagen!?
Bauchmayr, M. et al. (Hrsg.), Studien Verlag, Innsbruck

Klingen, N. (2001): Geschlecht und Führungsstruktur, Rainer Hampp
Verlag, München Mering

Krell, G. (2002): „Vorteile eines neuen, weiblichen Führungsstils" - Kritik eines aktuellen Diskurses, in: KarriereFrauenKonkurrenz, Goldberg, C.;
Rosenberger, S. K. (Hrsg.), StudienVerlag, Innsbruck

Krell, G. (2004): „Vorteile eines neuen, weiblichen Führungsstils": I-
deologiekritik und Diskursanalyse, in: Chancengleichheit durch Personalpo-
litik, 4., vollständig überarbeitete und erweiterte Auflage, Krell, G. (Hrsg.),
Betriebswirtschaftlicher Verlag Dr. Th. Gabler, Wiesbaden

Livingston, S. J. (1971): Myth of the well-educated manager, in:
Harvard Business Review, pp. 79-89

Loden, M. (1995): Als Frau im Unternehmen führen, Droemersche Verlagsanstalt Th. Knaur, München

Löhr, U. (1997): Personalentwicklung zur Förderung von Frauen in Führungspositionen, Redemanuskript

Lohrer Echo (2004): Schmollmund schadet, Aus aller Welt, 14.10.04, Nr. 241, Verlag Main-Echo, Aschaffenburg

Lovenduski, J.; Stephenson, S. (1999): Teil 1: Frauen in Führungspositionen: Ein Bericht über die Forschung in Europa, in: Frauen in Führungspositionen: Ein Bericht über bestehende Untersuchungen in der Europäischen Union, Europäische Kommission, Luxemburg: Amt für amtliche Veröffentlichungen der Europäischen Gemeinschaften

Luca, R. (2003): Medien.Sozialisation.Geschlecht, kopaed, München

Macha, H. (2000): Erfolgreiche Frauen - Wie sie wurden, was sie sind, Campus Verlag, Frankfurt

Marshall, J. (1984): Women managers: Travellers in a male world, John Wiley & Sons, Chichester New York Brisbane Toronto Singapore

Mertens, H. (2004), Referat 405 Chancengleichheit im Erwerbsleben, Bundesministerium für Familie, Senioren, Frauen und Jugend, Diverses Informationsmaterial zu Frauen in Führungspositionen, Schreiben vom 21.05.04

Meyers Großes Taschenlexikon (1995), Band 17, BI-Taschenbuchverlag, Mannheim Leipzig Wien Zürich

Miller, J. (2003): Five ways women make better leader; http://www.afett.com/better_ leaders.htm, abgefragt am 17.10.04

Müller, U. (1995): Frauen und Führung, in: Die soziale Konstruktion von Geschlecht in Professionalisierungsprozess, Wetterer, A. (Hrsg.), Campus Verlag, Frankfurt

Neubauer, R. (1990): Frauen im Assessment Center - Ein Gewinn? A & O, Zeitschrift für Arbeits- und Organisationspsychologie, 34, S. 29-36

Neuberger, O. (2002): Führen und führen lassen, 6., völlig neu bearbeitete und erweiterte Auflage, Lucius und Lucius Verlag, Stuttgart

Neujahr-Schwachulla, G.; Bauer, S. (1995): Führungsfrauen - Anforderungen und Chancen in der Wirtschaft, Fischer Taschenbuch Verlag, Frankfurt

Parkin, P. W.; Hearn, J. (1995): Frauen, Männer und Führung, in: Enzykopädie der BWL - Handwörterbuch der Führung, 2. Auflage, Kieser, A. (Hrsg.), Schäffer-Poeschel, Stuttgart

Pease, A.; Pease, B. (2001): Warum Männer nicht zuhören und Frauen schlecht einparken. Ganz natürliche Erklärungen für eigentlich unerklärliche Schwächen, Ullstein Verlag, München

Pfaff & Associates (1999): Five-Year Study Shows Gender Differences in Leadership Skills, Unterlagen durch Lawrence Pfaff, E-Mail vom 19.10.04

Pfaff & Associates (2001): Five-Year Study Shows Gender Differences in Leadership Skills, http://home.att.net/~selectpro/gender.htm, abgefragt am 17.10.04

Pfaff, L. (o.J.): Women versus men as managers - Are they different; http://www.selectpro.net > Articles > Women Versus Men as Managers, abgefragt am 18.10.04

Prellberg, M. (2003): Warum Frauen längst die Nase vorn haben, in: 101 Frauen der deutschen Wirtschaft, Keese, Ch.; Münchau, W. (Hrsg.), Betriebswirtschaftlicher Verlag Dr. Th. Gabler/GWV Fachverlag, Wiesbaden

Preuss, E. (1986): Die Frau im Management: Vorurteile, Fakten und Erfahrungen, Hochschule St. Gallen

Pschyrembel (1998): Klinisches Wörterbuch, 258., neu bearbeitete Auflage, Walter de Gruyter Verlag, Berlin

Rahn, H.-J. (1992): Betriebliche Führung, 2., überarbeitete Auflage, Friedrich Kiehl Verlag, Ludwigshafen

Rahn, H.-J. (2002): Unternehmensführung, 5., überarbeitete Auflage, Friedrich Kiehl Verlag, Ludwigshafen

Rau, I. (1995): Weibliche Führungskräfte, Lang Verlag, Frankfurt

Rauch, J. (2004): Denken Frauen und Männer wirklich unterschiedlich? in: P.M. Perspektive_Das Magazin für kompaktes Wissen, 3/2004, Gruner + Jahr Verlag, München, S. 68-73

Rosener, J. B. (1991): Frauen als Vorgesetzte - ein Gebot für jedes Unternehmen, in: Harvardmanger, 2/91, S. 57 f.

Rosenstiel, L. v. (1995): Wertewandel, in: Handwörterbuch der Führung, 2., neu gestaltete und ergänzte Auflage, Kieser, A. et al. (Hrsg.), Schäffer-Poeschel Verlag, Stuttgart

Rosenstiel, L. v. (2000): Grundlagen der Organisationspsychologie, 4., überarbeitete und erweiterte Auflage, Schäffer-Poeschel Verlag, Stuttgart

Rosenstiel, L. v. (2003): Grundlagen der Organisationspsychologie, 5., überarbeitete Auflage, Schäffer-Poeschel Verlag, Stuttgart

Rückle, H. (1992): Die Folgen des Wertewandels für das Personalmanagement und sein Führungsverständnis, in: Visionäres Personalmanagement, Kienbaum, J. (Hrsg.), Stuttgart

Ruess, A. (2004): Hart und smart - Deutsche Topmanagerinnen Teil 8, Wirtschaftswoche, 25.11.04, Nr. 49, Verlagsgruppe Handelsblatt, Düsseldorf, S. 100-102

Schanz, G. (1998): Der Manager und sein Gehirn, Schriften des Instituts für Unternehmensführung der Georg-August-Universität Göttingen, Band 1, Peter Lang GmbH - Europäischer Verlag der Wissenschaften, Frankfurt am Main

Schenk, H. (1979): Geschlechtsrollenwandel und Sexismus, Basel

Sordon, E. (1995): Frauen in Führungspositionen in Großunternehmen, Centaurus Verlagsgesellschaft, Pfaffenweiler

Spieß, G. (2000): Frauen in Führungspositionen - Eine Neupositionierung der Geschlechter zwischen Anpassung und Widerstand, Deutscher Städtetag, Köln Berlin

Spreemann, S. (2000): Geschlechtsstereotype Wahrnehmung von Führung, Verlag Dr. Kovač, Hamburg

Steins, G. (2003): Identitätsentwicklung, Pabst Science Publishers, Lengerich

Stern TV (2004) vom 06.10.04, 22.15 Uhr, RTL, Gäste: Pease B. & E.

Stödter, H. (1986): Frauen als Führungskräfte in der Wirtschaft - Ergebnisse einer Meinungsumfrage, Gesellschaft zur Förderung der wissenschaftlichen Erforschung der Lage der Frau in internationaler Zusammenarbeit e. V., Hamburg

Stogdill, R. (1974): Handbook of Leadership, New York

Stroebe, R. W. (1999): Grundlagen der Führung, 10., überarbeitete Auflage, I. H. Sauer-Verlag, Heidelberg

Süssmuth, R. (1998): Frauen und Macht - Aktuelle Gleichberechtigungsdefizite und die Notwendigkeit künftiger Veränderungen, in: Frauen in Führungspositionen, Aktuelle Fragen der Politik Heft 52, Konrad-Adenauer-Stiftung (Hrsg.), Sankt Augustin

Tajfel, H. (1981): Human groups and soical categories: Studies in social psychology, Cambridge University Press, New York

Then, W. (1985): Führungsverhalten im Wertewandel, in: Der Arbeitgeber, Nr. 7/37, S. 258

Thierfelder, R. H. (2001): Wertewandel in der Unternehmensführung, Verlag Wissenschaft & Praxis Dr. Brauner, Sternenfels

Tillmann, K.-J. (2003): Sozialisationstheorien, 12. Auflage, Rowohlt Taschenbuch Verlag, Reinbek bei Hamburg

Wachs Book, E. (2001): Der beste Mann für diesen Job ist eine Frau, Heinrich Hugendubel Verlag, Kreuzlingen München

Wacker, C. (o.J.): Frauen im Management, Dr. Heimeier & Partner, http:// www.heimeier.de/binaer/228_Personalpraxis.pdf, abgefragt am 29.10.04

Wajcman, J. (1998): Managing like a man: women and men in corporate management, The Pennsylvania State University Press, Pennsylvania

Wajcman, J. (2002): The „Feminization" of Management: A Study of Corporate Culture, in: KarriereFrauenKonkurrenz, Goldberg, C.; Rosenberger, S. K. (Hrsg.), StudienVerlag, Innsbruck

Weinert, A. B. (1990): Geschlechtsspezifische Unterschiede im Führungs- und Leistungsverhalten, in: Weibliche Fach- und Führungskräfte, Domsch, M.; Regnet, E. (Hrsg.), Schäffer Verlag, Stuttgart

Westerholt, B. (1998): Frauen können führen, Beltz Verlag, Weinheim Basel

Wickler, W.; Seibt, U. (1990): Männlich Weiblich, erweiterte Neuausgabe, R. Piper, München

Wiendieck, G. (1990): Wertewandel und Leistungsmotivation, in: Personalführung 11/90, S. 760

Witelson, S. (1979): Geschlechtsspezifische Unterschiede in der Neurologie der kognitiven Funktionen und ihrer psychischen, sozialen und klinischen Implikationen, in: Die Wirklichkeit der Frau, Sullerot, E., Verlag Steinhausen, München

Wunderer, R. (2000): Führung und Zusammenarbeit, 3., neubearbeitete Auflage, Hermann Luchterhand Verlag, Neuwied Kriftel

Wunderer, R. (2003): Führung und Zusammenarbeit, 5., überarbeitete Auflage, Wolters Kluwer Deutschland, München Neuwied

Wunderer, R.; Dick, P. (Hrsg.) (1997): Frauen im Management, Hermann Luchterhand Verlag, Neuwied Kriftel Berlin

Zander, E. (1980): Personalführung, in: Handbuch der Personalleitung, Wagner, D. et al. (Hrsg.) (1992), München

Zander, E. (2004): Moral und Ethik in der Wirtschaft, in: PERSONAL - Zeitschrift für Human Resource Management, 09/2004, 56. Jahrgang, Verlagsgruppe Handelsblatt, Düsseldorf

Anlagenverzeichnis

Anlage 1: Einschätzungen der Führungskräfte zum Führungsverhalten in der Zukunft[288]

- kooperatives Verhalten: Wir-Gefühl, antiautoritär, partnerschaftlich, partizipativ, Einbeziehung der Mitarbeiter usw.

- Teamorientierung: Teamgeist, Teamfähigkeit, Teammoderation, Teamcoaching usw.

- Unternehmerische Fähigkeiten: zielgerichtet, durchsetzungsfähig, Entscheidungsstärke und -freude, Risikobereitschaft usw.

- Kommunikative Fähigkeiten: zuhören können, moderierend, konfliktlösungsorientiert, kompromissbereit, diskussionsbereit und -fähig, transparente Entscheidungen, guter Informationsfluss, erklären, überzeugen usw.

- Persönlichkeit: souverän, empathisch, tolerant, ehrlich, aufrichtig, wahrhaftig, fair, gerecht, integer, korrekt, geradlinig, einschätzbar, belastbar, dynamisch, aktiv usw.

- Mitarbeiterorientierung: menschlich-persönlich, Achtung der Mitarbeiter, Vertrauen zu Mitarbeitern, Coaching, unterstützend, helfend, fördernd, motivierend usw.

- Verantwortung übernehmen und delegieren: soziale Verantwortung, Eigenverantwortung stärken, größere Selbstständigkeit anregen, Freiräume für Mitarbeiter schaffen usw.

- Wissen und Kenntnisse erweitern: fachliche Qualifikation, Markt- und Produktkenntnisse, Weiterbildung, Fremdsprachen usw.

- Veränderungsfähigkeit: Innovationsfähigkeit und -freude, Beweglichkeit, Offenheit für Veränderungen und für neue Technologien usw.

- Leistungsorientierung: Engagement, Leistungsanreize, erfolgsorientierte Vergütung, Erfolgsbeteiligung aller Mitarbeiter, Mitarbeiter als Unternehmer usw.

Vgl. Bischoff, S. (1999), S. 135 f.

- Organisationsveränderung: flache Hierarchien, Auflösung von Hierarchien, Entkrustung, Synergieeffekte umsetzen, Projektmanagement, klare Entscheidungsebenen schaffen usw.

Anlage 2: Positive Aspekte der Zusammenarbeit nach Meinung von Kollegen[289]

Nennung durch männliche Kollegen:

- bessere Kommunikation: bessere Zuhörer, respektvoller, geduldiger, einfühlsamer
- zielorientierter: zielgerichteter, weniger Eigenprofilierung, objektiver
- bessere Kooperation
- besseres Klima: angenehmes Klima, weniger technokratische Atmosphäre
- besondere Führungsqualitäten: fachliche Kompetenz, belastbarer, gute Planung, gute Zuordnung von Menschen und Aufgaben, bessere Aufgabenumsetzung
- besondere persönliche Eigenschaften: ehrgeiziger, gewissenhafter

Nennung durch weibliche Kollegen:

- bessere Kommunikation: vertrauensvoller, verständnisvoller, einfühlsamer, direkt, ehrlich, mehr Erklärungen
- bessere Kooperation: kooperative Suche nach Lösungen, kompromissbereiter, kollegialer Führungsstil, bessere Teamarbeit
- zielorientierter: zielgerichteter, weniger Machtstreben, weniger politisches Taktieren
- besondere persönliche Eigenschaften: gewissenhafter, zuverlässiger, weniger oberflächlich, fair, gerecht
- besondere Führungsqualitäten: gute Planung, Delegationsfähigkeit, Mitarbeiterförderung, Motivationsfähigkeit, Durchsetzungsvermögen

---

Vgl. Bischoff, S. (1999), S. 126.

Anlage 3: Variables measured by the Leadership Effectiveness Analysis by MRG290

Creating a vision	Developing followership	Implementing the vision
• Conservative: Studying problems in light of past practices to ensure predicttability, reinforce the status quo and minimize risk.	• Persuasive: Building commitment by convincing others and winning them over to your point of view.	• Structuring: Adopting a systematic and organized approach; preferring to work in a precise, methodical manner; developing and utilizing guidelines and procedures.
• Innovative: Feeling comfortable in fast changing environments; being willing to take risks and to consider new and untested approaches.	• Outgoing: Acting in an extroverted, friendly and in-formal manner; showing a capacity to quickly establish free and easy interpersonal relation-ships.	• Tactical: Emphasizing the production of immediate results by focusing on short-range, hands-on, practical strategies.
• Technical: Acquiring and maintaining in-depth knowledge in your field or area of focus; using your expertise and specialized knowledge to study issues and draw conclusions.	• Excitement: Operating with a good deal of energy, intensity, and emotional expression; having a capacity for keeping others enthusiastic and involved.	• Communication: Stating clearly what you want and expect from others; clearly expressing your thoughts and ideas; maintaining aprecise and constant flow of information.
• Self: Emphasizing the importance of making decisions independently; looking to yourself as the prime vehicle for decision-making.	• Restraint: Mainteining a low-key, understated and quiet interpersonal demeanor by working to control your emotional expression.	• Delegation: Enlisting the talents of others to help meet objectives by giing them important activities and sufficient autonomy to exercise their own judgment.
• Strategic: Taking a long-range, broad approach to problem solving and decision making through objective analysis, thinking ahead, and planning.		

Kabacoff, R.; Peters, H. (1998), pp. 18.

Following through	Achieving results	Team playing
▪ Control: Adopting an approach in which you take nothing for granted, set deadlines for certain actions and are persistent in monitoring the progress of activeties to ensure that they are completed on schedule. ▪ Feedback: Letting others know in a straightforward manner what you thing of them, how well they have performed and if they have met your needs and expectations.	▪ Management focus: Seeking to exert influence by being in position of authority, taking charge, and leading and directing the efforts of others. ▪ Dominant: Pushing vigorously to achieve results through an approach which is forceful, assertive and competitive. ▪ Production: Adopting a strong orienttation toward achievement; holding high expectations for yourself and others; pushing yourself and others to achieve at high levels.	▪ Cooperation: Accommodating the needs and interests of others by being willing to defer performance on your own objectives in order to assist colleagues with theirs. ▪ Consensual. Valuing the ideas and opinions of others and collecting their input as part of your decision-making process. ▪ Authority: Showing loyalty to the organization; respectting the opinions of people in authority, and using them as resources for information, direction and decisions. ▪ Empathy: Demonstrating an active concern for people and their needs by forming close and supportive relationship with others.

Anlage 4: Table of Results by Pfaff & Associates[291]

	Employee Ratings		Boss Ratings		Self Ratings	
MLPI Factors	Higher Rated M=men W=women	Statistically Significant* Y=yes, N=no	Higher Rated M=men W=women	Statistically Significant* Y=yes, N=no	Higher Rated M=men W=women	Statistically Significant* Y=yes, N=no
Goal Setting	W	Y[2]	W	Y[2]	W	Y[1]
Planning	W	Y[2]	W	Y[2]	W	Y[2]
Technical Expertise	-	N	-	N	-	N
Performance Standards	W	Y[2]	W	Y[2]	W	Y[2]
Coaching	W	Y[2]	W	Y[2]	W	Y[2]
Evaluating Performance	W	Y[2]	W	Y[2]	W	Y[2]
Facilitating Change	W	Y[2]	W	Y[2]	W	Y[2]
Delegation	-	N	-	N	-	N
Recognition	W	Y[2]	W	Y[2]	W	Y[2]
Approachable	W	N	W	Y[2]	W	Y[2]
Directive	W	Y[2]	W	N	-	N
Participative	W	Y[2]	W	Y[2]	W	Y[2]
Strategy	W	Y[2]	W	Y[1]	-	N
Communication	W	Y[2]	W	Y[2]	W	Y[1]
Teamwork	W	Y[2]	W	Y[2]	W	Y[2]
Empowering Employees	W	Y[2]	W	Y[2]	W	Y[2]
Trust	W	N	W	Y[2]	-	N
Resourcefulness	W	Y[2]	W	Y[2]	W	Y[2]
Self Confidence	-	N	-	N	-	N
Decisiveness	W	Y[2]	W	Y[1]	W	Y[1]

* Significance level indicates the probability that the measured difference would occur at random in a population this size. The commonly accepted standard is to consider differences as statistically significant when the probability is 5 percent or less.

[1] Probability is 5 percent or less   [2] Probability is 1 percent or less

Vgl. Pfaff & Associates (1999).

Anlage 5: Employee Ratings by Pfaff & Associates (Percentile Rankings*)[292]

Factor	Female Percentile Score	Male Percentile Score	Difference Points
Goal Setting	56	50	6
Planning	55	47	8
Technical Expertise	52	52	0
Performance Standards	56	49	7
Coaching	56	49	7
Evaluating Performance	58	52	6
Facilitating Change	54	49	5
Delegation	54	54	0
Recognition	55	47	8
Approachable	54	50	4
Directive	55	50	5
Participative	55	50	5
Strategy	54	50	4
Communication	56	49	7
Teamwork	54	49	5
Empowering Employees	58	51	7
Trust	52	49	3
Resourcefulness	56	49	7
Self Confidence	56	56	0
Decisiveness	55	50	5

Female N=755 managers

Male N=1727 managers

* Percentile rankings are based on data collected on approximately 12,000 managers over a nine-year period.

Vgl. Pfaff & Associates (1999).

Anlage 6: Boss Ratings by Paff & Associates (Percentile Rankings*)[293]

Factor	Female Percentile Score	Male Percentile Score	Difference Points
Goal Setting	59	52	7
Planning	54	48	6
Technical Expertise	52	52	0
Performance Standards	61	52	9
Coaching	58	48	10
Evaluating Performance	58	52	6
Facilitating Change	57	47	10
Delegation	52	52	0
Recognition	57	49	8
Approachable	57	50	7
Directive	51	53	2
Participative	58	50	8
Strategy	55	50	5
Communication	58	51	7
Teamwork	59	51	8
Empowering Employees	59	49	10
Trust	57	50	7
Resourcefulness	57	51	6
Self Confidence	53	53	0
Decisiveness	57	53	4

Female N=755 managers

Male N=1727 managers

* Percentile rankings are based on data collected on approximately 12,000 managers over a nine-year period.

Vgl. Pfaff & Associates (1999).

Anlage 7: Self Ratings by Paff & Associates (Percentile Rankings*)[294]

Factor	Female Percentile Score	Male Percentile Score	Difference Points
Goal Setting	54	49	5
Planning	53	47	6
Technical Expertise	50	50	0
Performance Standards	59	50	9
Coaching	56	47	9
Evaluating Performance	63	50	13
Facilitating Change	55	47	8
Delegation	50	50	0
Recognition	58	48	10
Approachable	53	47	6
Directive	50	50	0
Participative	58	51	7
Strategy	52	52	0
Communication	54	50	4
Teamwork	58	51	7
Empowering Employees	56	48	8
Trust	54	54	0
Resourcefulness	52	47	5
Self Confidence	53	53	0
Decisiveness	57	55	2

Female N=755 managers

Male N=1727 managers

* Percentile rankings are based on data collected on approximately 12,000 managers over a nine-year period.

Vgl. Pfaff & Associates (1999).